U0647898

# 图说中国特色减贫道路

国家乡村振兴局综合司
中国扶贫发展中心 组织编写

王晓毅 徐宗阳 阿妮尔 编

人民出版社

# 目 录

前　言 ………………………………………………………………1

第一章　减贫发展　中国道路 ……………………………………1
　　一、中国减贫的历史阶段 ……………………………………1
　　二、中国特色减贫道路的内涵 ………………………………8
　　三、中国特色减贫道路的历史意义 …………………………15

第二章　不忘初心　牢记使命 ……………………………………18
　　一、中国共产党的使命 ………………………………………18
　　二、党的领导是成功减贫的保证 ……………………………21
　　二、中国共产党领导扶贫工作的经验 ………………………34

第三章　政府主导　集中力量 ……………………………………36
　　一、政府主导的优势 …………………………………………36
　　二、政府主导的减贫 …………………………………………38
　　三、政府主导的成效 …………………………………………50

第四章 精准扶贫 靶向发力……………………………52

一、精准扶贫：靶向瞄准……………………………52

二、精准脱贫：因人施策……………………………60

三、目标瞄准的中国经验……………………………63

第五章 广泛动员 社会参与……………………………65

一、社会扶贫……………………………65

二、社会扶贫的实践创新……………………………73

三、中国社会扶贫的特点……………………………79

第六章 培育动力 增强能力……………………………82

一、扶贫需要激发内生动力……………………………82

二、激发内生动力的重要举措……………………………84

三、经验与启示……………………………94

第七章 增加投入 加强监管……………………………96

一、增加投入 精准扶持……………………………96

二、精准投入 提高效率……………………………102

三、党的十八大以来扶贫资金的监管……………………………106

四、经验与启示……………………………109

第八章 监测评估 精准脱贫……………………………111

一、中国减贫监测评估制度的演变历程……………………………111

二、中国脱贫攻坚考核评估的创新探索 ················ 114

三、中国减贫考核评估的经验启示 ················ 122

第九章　脱贫攻坚　全面发展 ················ 123

一、减贫效果明显 ················ 123

二、收入稳定提高 ················ 127

三、公共服务得到明显改善 ················ 131

四、基础设施逐渐完善 ················ 135

第十章　国际合作　分享经验 ················ 139

一、中国对世界反贫困的贡献 ················ 139

二、中国减贫国际合作的历史脉络 ················ 142

三、中国开展减贫国际合作的举措 ················ 147

四、对国际扶贫合作的启示 ················ 150

第十一章　展望：走向共同富裕 ················ 152

一、未来的减贫策略 ················ 152

二、相对贫困治理与共同富裕 ················ 155

后　记 ················ 163

# 前　言

　　贫困曾经是挥之不去的阴影，笼罩在中国农民的头上，为了消除贫困，中国共产党领导全国人民进行了一个世纪的斗争。

　　中国共产党人的初心和使命就是为中国人民谋幸福，为中华民族谋复兴。在战争年代，中国共产党在根据地领导农民进行土地改革、发展生产，改善了贫困农民的生存状态。在中华人民共和国成立以后，党和政府领导农民建设农村基础设施，增加科技投入，改善农村教育，建立农村合作医疗，为失去劳动能力的农民提供基本的保障。经过30年的努力，中国农民的生存状态得以改善，人均预期寿命大大提高，婴幼儿死亡率大幅度下降。

　　党的十一届三中全会以后开始了农村改革，农村经济快速发展。经济发展对消除农村贫困产生了巨大影响，从1978年到1985年，仅仅7年时间，超过50％的贫困人口受益于经济发展而脱贫。从20世纪80年代中期开始，中国开始了大规模的专项扶贫，成立了国务院扶贫开发领导小组办公室，拨付专项资金，利用扶贫贷款，动员国际国内各界力量，先后实施《国家八七扶贫攻坚计划（1994—2000年）》《中国农村扶贫开发纲要（2001—2010年）》和《中国农村扶贫开发纲要（2011—2020年）》，取得了举世瞩目的扶贫成绩。

　　党的十八大以来，以习近平同志为核心的党中央高度重视扶贫工作，充分发挥党的领导和政府主导作用，广泛动员社会各界参与，增加扶贫投入，围绕着"扶持谁""谁来扶""怎么扶""如何退"四个问题，实施精准扶贫、精准脱贫战略，在2020年底实现了彻底消除中国农村绝对贫困的目标。

中国共产党领导全国人民走出了一条具有中国特色的减贫道路，特别是党的十八大以来，中国的扶贫进入攻坚克难的时期，习近平总书记关于扶贫工作重要论述，以及在这个过程中所形成的政策、经验和实践，构成了中国特色减贫道路的重要内容，而且为国际减贫提供了重要的借鉴。习近平总书记在全国脱贫攻坚总结表彰大会上的讲话中指出，"我们立足我国国情，把握减贫规律，出台一系列超常规政策举措，构建了一整套行之有效的政策体系、工作体系、制度体系，走出了一条中国特色减贫道路，形成了中国特色反贫困理论。"

本书描述中国特色的减贫道路，总结中国扶贫经验，阐述中国扶贫成果，使读者了解中国人民在中国共产党的领导下消除农村绝对贫困、迈向共同富裕的历史过程。

# 第一章

# 减贫发展　中国道路

消除贫困，自古以来就是人类梦寐以求的理想。中国共产党自成立之日起，就将消灭剥削、实现共产主义作为奋斗目标。在中国共产党的领导下，全国人民艰苦努力，使中国从一个落后的国家发展成为中等收入国家，并在中国历史上第一次实现消除农村绝对贫困的目标，走出了一条成功的中国特色减贫道路。中国的减贫道路是在实践中逐渐形成、不断完善的，并在党的十八大以来的精准扶贫精准脱贫中逐渐成熟。

## 一、中国减贫的历史阶段

中华人民共和国成立七十余年来，从一个贫穷落后的国家发展成为一个中等收入国家，人民生活水平大幅度提高，贫困人口不断减少。中国的减贫经历了 6 个不同的阶段，每个阶段的扶贫目标和扶贫手段都有不同的特点。

第一阶段，社会主义革命和建设时期（1949—1977年）。这个时期，农业生产水平很低，国家在农村的投入也很有限，农村贫困普遍存在，大多数农村地区甚至还不能保障有足够的粮食和衣物。但是在生产力水平还比较低的条件下，农民通过集体的力量，修建农田水利设施，提高粮食产量，生活得到改善；国家开始发展农村教育和合作医疗，农村的文盲率和死亡率大幅度下降。

## 专栏

根据《中国人口资料手册》《中国人口统计年鉴》的资料，我国婴儿死亡率在1929—1931年为200‰左右，中华人民共和国成立以后，婴儿死亡率从1954年的138.5‰小幅波动下降到1963年84.3‰。5岁以下儿童死亡率在新中国成立以后也呈现出较快下降态势。据世界银行世界发展指标的资料，中国5岁以下儿童的死亡率在20世纪70年代快速下降，从1970年的111.5‰下降到1979年的65.7‰。

资料来源：桂世勋、陈杰灵：《新中国70年人口平均预期寿命增高的特点、原因及未来举措》，《人口与健康》第9期。

第二阶段，经济体制变革推动减贫时期（1978—1985年）。党的十一届三中全会后开始了农村经济体制改革，集体所有的土地承包给农户经营，允许农民从事工商业，国家大幅度提高了农副产品的收购价格，农村经济快速发展。在经济发展过程中，一方面经济发展比较快的地区，农村贫困人口大量减少，但另一方面那些相对落后地区与发达地区的差距扩大，急需中央政府的支持。从20世纪80年代开始，中国政府加大对经济发展明显落后、贫困人口较为密集地区支持的力度。1984年9月，中共中央和国务院联合发布了《关于帮助贫困地区尽快改变面貌的通知》，标志着国家实施专项扶贫工作全面开始。

## 文件解读

### 《中共中央、国务院关于帮助贫困地区尽快改变面貌的通知》

1984年6月24日，《人民日报》头版刊发了一封反映赤溪下山溪畲族自然村贫困状况的来信和《关怀贫困地区》的评论员文章，引起党中央的高度关注和全国各地的强烈反响。

该文章指出，在当前农村大好形势下，要重视发现和解决少数贫困地区存在的问题，这对继续发展农村好形势是极为重要的。在促进农村大部分地区经济继续繁荣兴旺的同时，下决心到那些贫困落后地区走一走，实地调查一下那里究竟是什么样子、有哪些困难、应当采取哪些特殊政策和措施。跟那里的干部、群众坐在一起，共同研究治穷致富的门路。少数贫困地区只要政策对头，经过努力，也一定能较快改变贫困面貌。

1984年9月，中共中央、国务院颁发《中共中央、国务院关于帮助贫困地区尽快改变面貌的通知》，该通知指出，"农村经济还存在发展不平衡的状况，特别是还有几千万人口的地区仍未摆脱贫困，群众的温饱问题尚未完全解决。各级党委和政府必须高度重视，采取十分积极的态度和切实可行的措施，帮助这些地区的人民首先摆脱贫困，进而改变生产条件，提高生产能力，发展商品生产，赶上全国经济发展的步伐"。

第三阶段，区域开发式扶贫战略时期（1986—1993 年）。随着中国农村经济发展，贫困地区与发达地区的差距进一步扩大，大量贫困人口集中在革命老区、民族地区和边远的贫困山区。为了帮助贫困地区和贫困农户发展生产，中央将扶贫开发纳入国家发展总体规划，成立了专门扶贫机构——国务院贫困地区经济开发领导小组及其办公室，确立了14 个集中连片贫困地区和 331 个贫困县作为扶贫的重点区域，并公布了国家的贫困线，也就是 1986 年农村居民人均可支配收入 206 元，在此标准以下的是贫困户。通过支持贫困农户发展产业的财政扶贫资金、支持贫困地区基础设施建设的以工代赈项目和支持金融机构向贫困地区、扶贫重点县提供扶贫贷款，支持贫困地区发展。总体上，由于国家财力不足，这个时期对贫困地区的支持力度有限，贫困地区发展仍然滞

1993 年 9 月 22 日，联合国教科文组织捐建的第一所希望小学——建于河北省丰宁满族自治县胡麻营村的希望小学交付使用。外村的许多家长也把孩子送到希望小学读书。最远的孩子家离学校七八公里。图为中午不能回家的孩子在学校吃自己带来的饭。（新华社记者　范德元摄）

后于全国的发展，但是在这个时期，不同于救济式扶贫的开发式扶贫模式开始形成。开发式扶贫强调提高贫困地区的造血功能，通过发展产业实现贫困农户的脱贫。

第四阶段，综合性扶贫攻坚战略时期（1994—2000 年）。国务院于 1994 年 3 月颁布了《国家八七扶贫攻坚计划（1994—2000 年）》，明确要求集中人力、物力、财力，用 7 年左右的时间，基本解决 8000 万农村贫困人口的温饱问题。计划发布以后，中国的扶贫引起了国内和国际社会的高度重视，在国内，政府的扶贫资源向贫困县和贫困村集中，国定贫困县的数量也于 1999 年增加到了 592 个。为了实现扶贫的目标，许多新的扶贫措施被采用，比如东部沿海地区支持西部欠发达地区的扶贫协作机制，中央机关和企业对欠发达地区支持的定点扶贫，以及对于边远山区的贫困农户开始实施易地搬迁扶贫等等。与此同时，国际社会对中国的扶贫开始了大规模的支持，包括世界银行、联合国开发计划署、世界粮食计划署等许多机构都对中国扶贫提供了资金和技术援助。通过多方面的投入和采取综合措施，

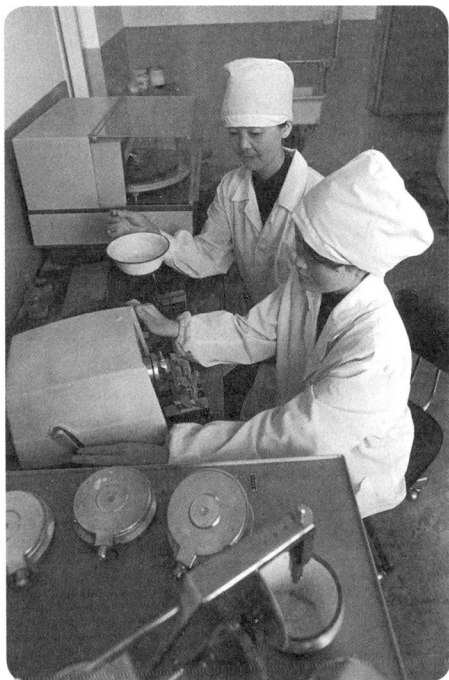

20 世纪 90 年代，宁夏利用世界银行贷款项目首先发展吴忠、平罗、同心等 6 个县、市的农村卫生医疗事业，使一大批高科技、现代化医疗设备投入运行，县、乡两级医疗机构在整体水平上有了大幅度提高，尤其是改善了贫困山区群众的医疗条件。图为吴忠市医院病理科的医护人员正在做病理切片试验。（新华社记者　刘海峰摄）

到 2000 年，中国基本上实现了"八七扶贫攻坚计划"的目标，贫困人口下降到 3000 万，也就是说仅剩下 3% 左右的农村居民仍然没有脱贫。

> **专栏**
>
> 《国家八七扶贫攻坚计划（1994—2000 年）》到 20 世纪末解决贫困人口温饱的标准：
>
> ——绝大多数贫困户年人均纯收入达到 500 元以上（按 1990 年的不变价格）。
>
> ——扶持贫困户创造稳定解决温饱的基础条件：有条件的地方，人均建成半亩到一亩稳产高产的基本农田；户均一亩林果园或一亩经济作物；户均向乡镇企业或发达地区转移一个劳动力；户均一项养殖业或其他家庭副业；牧区户均一个围栏草场，或一个"草库仓"。与此同时，巩固和发展现有扶贫成果，减少返贫人口。

第五阶段，整村推进与"两轮驱动"时期（2001—2012 年）。在基本完成"八七扶贫攻坚"目标的基础上，中国制定了《中国农村扶贫开发纲要（2001—2010 年）》和《中国农村扶贫开发纲要（2011—2020 年）》。这个时期是中国扶贫的重要转折时期，首先是扶贫标准提高了，1986 年确定的贫困线适合当时的情况，但是随着社会经济发展，贫困线也相应提高，故在这个时期两次提高了贫困线，并提出了"两不愁三保障"的扶贫目标。扶贫投入更加聚焦贫困村和贫困户，提出"整村推进"战略，实现贫困村的基础设施和产业发展达标。同时也注意到，开发式扶贫对于提高贫困农户造血能力效果很好，但是对于那些失去劳动能力或者因病因残致贫的人，帮扶效果有限。因此开始普遍建立农村低保制度，中国的扶贫开发进入开发式扶贫与最低生活保障制度衔接的"两轮驱动"阶段。

### 🔖 关键概念

#### 两不愁三保障

在《中国农村扶贫开发纲要（2011—2020 年）》中，将"两不愁三保障"列为扶贫的核心指标，即"到 2020 年，稳定实现扶贫对象不愁吃、不愁穿，保障其义务教育、基本医疗和住房"。"两不愁三保障"比前一个十年所提出的目标，即"尽快解决少数贫困人口温饱问题，进一步改善贫困地区的基本生产生活条件，巩固温饱成果"，提高了许多，不仅覆盖了贫困户的生存需求，还覆盖了贫困户的发展需求，将教育和医疗纳入解决贫困的标准中，在衣食之外增加了住房的指标。

第六阶段，精准扶贫精准脱贫时期（2013—2020 年）。以党的十八大召开为标志，中国特色社会主义发展进入新时代。以习近平同志为核心的党中央，把脱贫攻坚摆在治国理政的突出位置，提出精准扶贫精准脱贫方略。首先，目标明确，要在 2020 年实现现行标准下贫困人口全部脱贫，贫困县全部摘帽，消除绝对贫困和解决区域性整体贫困。其次，措施具体，通过"六个精准"和"五个一批"，提高扶贫的精准度和扶贫的效率。

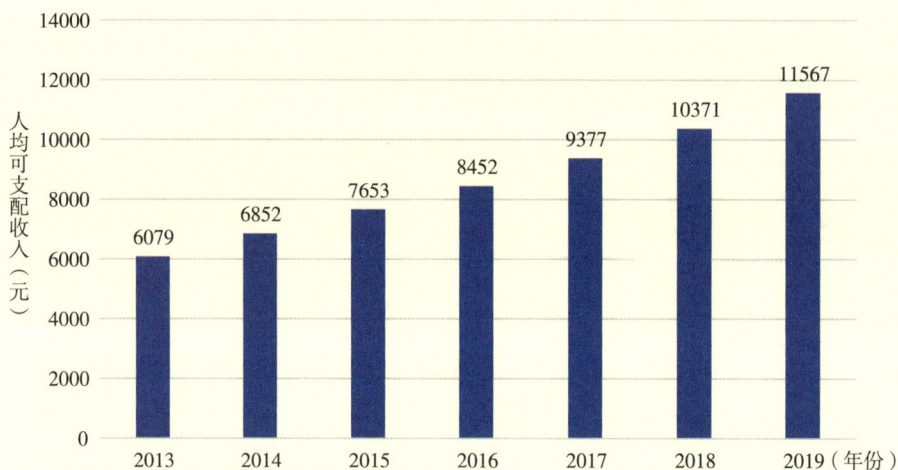

2013—2019 年全国贫困地区农村常住居民人均可支配收入

数据来源：国家乡村振兴局

## 二、中国特色减贫道路的内涵

中国特色减贫道路是在实践中不断发展和完善的，党的十八大以前，党和政府领导人民进行了减贫的探索，形成了中国特色的减贫机制和减贫经验，这一经验受到了国际社会的高度肯定。党的十八大以来，习近平总书记基于精准扶贫精准脱贫的实践，对扶贫作出了一系列重要指示，形成了习近平总书记关于扶贫工作重要论述。新时代脱贫攻坚的成功经验丰富和发展了中国特色的减贫道路内涵。

## （一）中国特色减贫道路的基本形成

改革开放至党的十八大以前这一历史时期，中国特色减贫道路基本形成，这条道路主要包含以下基本经验。

第一，坚持改革开放，保持经济长期持续增长，通过经济增长带动减贫。保持经济持续增长是中国特色减贫道路的基础，只有保持经济增长，国家才会有实力支持贫困地区发展，社会也才会有力量实施扶贫。近年来，国家扶贫投入的增加正是建立在国家经济实力不断增强的基础上。此外，经济发展不仅能够给贫困户提供更多的就业机会、增加收入，而且也带动了农副产品需求的增加，从而促进了贫困地区的产业发展。

湖南祁阳县潘市镇贫困村高江村平菇喜获丰收。

第二，制定有利于贫困人口发展的政策。面对区域和农户的贫富差距，政府制定了有利于贫困人口的发展政策，保障贫困人口的权利。在区域发展方面，国家重点支持贫困地区发展，在基础设施建设、产业发展、生态环境保护等方面，贫困地区都享有优惠政策。在农户层面，为贫困农户发展生产、增加就业和提供平等的教育、医疗服务，提供特殊的支持政策，从而保障贫困农户获得公平的发展机会。

第三，根据不同发展阶段及贫困人口特征制定和调整反贫困战略。在不同的发展阶段，贫困的原因和表现不同，国家的扶贫能力不同，因此扶贫的战略也会不同。在扶贫初期，贫困发生率比较高，国家支持能力有限，因此采用了比较低的扶贫标准以聚焦那些最困难的农户。随着社会经济发展，贫困户的数量减少，扶贫标准逐渐提高，而且扶贫的手段也更加综合。

第四，不断创新扶贫的方式方法。在扶贫实践中，通过不断学习和创新，扶贫的方式和方法不断完善。在扶贫的不同阶段分别采用不同的

"贷"动幸福——图为文峪乡一名贫困户在卢氏农商银行文峪支行办理扶贫小额贷款，无须抵押、担保，4天即发放到账 5 万元，想到以后的幸福生活，他开心地笑了。

方式，比如支持贫困人口通过参与农村基础设施建设，通过劳动获得收入的以工代赈方式；为了更好地改善贫困村的面貌所采取的参与式村级规划，让农民自己参与设计扶贫项目，满足贫困村的需求；为了提升农户的发展能力，采用了小额信贷扶贫，让那些没有抵押的贫困农户获得小额贷款，从而可以发展生产。

第五，始终把培养和不断提高扶贫对象的自我发展能力作为工作核心。中国扶贫一直强调要让贫困地区和贫困农户有造血能力，提升脱贫的内生动力。在村级层面，加强基层党组织建设，选好扶贫带头人，发展集体经济，让贫困村具有发展的能力；在农户层面，通过培训提升农户能力，让农户有一技之长，许多贫困农户在能力提高以后，或者外出就业，成为企业生产的骨干；或者自己经营，成为种田能手。更重要的是，中国高度关注教育扶贫，从扶贫之初就把贫困群体的教育放在首

大理州漾濞县贫困山区小学彝族学生正在学习信息技术课程。

位，从而有效防止了贫困的代际传递。

第六，不断提高反贫困政策执行力。中国政府出台了一系列的扶贫政策，要保障这些政策得到贯彻执行，就需要政府具有执行能力。中国政府花大力气提高扶贫干部的工作水平，建立专门的培训机构，对扶贫干部进行培训；建立明确的责任制，从中央到地方，贫困地区的主要领导干部要承担扶贫的责任，扶贫的效果成为检验贫困地区领导干部工作的重要指标；大量的优秀干部被派往扶贫第一线，直接承担扶贫任务。所有这些措施，都使中国的反贫困政策从中央到地方，能够得到有力的执行。

福建省是全国较早选派驻村干部的省份之一，尤其是南平市自1999年开始便向农村地区广泛派驻科技特派员。图为第一批科技特派员为顺昌县老区村农民开展技术培训。（福建省南平市农业农村局供图）

## （二）中国特色减贫道路的丰富发展

中国新时代脱贫攻坚以习近平新时代中国特色社会主义思想为指导，以习近平总书记关于扶贫工作重要论述为根本遵循，全党全国全社会凝心聚力，从三个方面丰富发展了中国特色减贫道路。

第一，更加明确了扶贫开发的重要性。党中央把扶贫开发与党和政府的职责、党的根本宗旨、全面建成小康社会的目标要求以及社会主义的本质要求相结合，深刻阐述了中国现阶段扶贫开发的重要性和紧迫性。党的十九大报告指出："中国特色社会主义进入新时代，我国社会主要矛盾已经转化为人民日益增长的美好生活需要和不平衡不充分的发展之间的矛盾。"不平衡和不充分首先表现为城乡发展的不平衡，城市

人民群众对美好生活的期盼，就是我们的奋斗目标。图为河南省兰考县张庄村的孩子们在快乐奔跑。

发展很快，而农村发展相对滞后；其次表现为东部发达地区与中西部欠发达地区的发展差距，而农村贫困问题正是城乡和东西部两个不平衡的交叉点，要在 2020 年全面建成小康社会，必须解决农村贫困问题。

第二，深刻总结了党的十八大以来中国扶贫开发"六个坚持"的宝贵经验。"六个坚持"就是坚持党的领导，强化组织保证；坚持精准方略，提高脱贫实效；坚持加大投入，强化资金支持；坚持社会动员，凝聚各方力量；坚持从严要求，促进真抓实干；坚持群众主体，激发内生动力。这六个坚持全面地概括了中国精准扶贫的经验，是中国成功实现扶贫目标的保障。

第三，指明了全球减贫合作的方向。消除贫困不仅仅是中国的事情，更是全人类发展的目标，国际社会一直将减贫作为发展的重要目标，2000 年通过的联合国千年发展目标，2015 年通过的联合国可持续

2020 年 6 月 5 日，中国国际扶贫中心、盖茨基金北京代表处、阿姆斯特丹全球卫生与发展研究所共同举办"国际减贫与发展趋势研究"国际研讨视频会。

发展目标，都将减贫作为最重要的目标。中国的减贫不仅为人类减贫提供了经验，而且积极开展国际减贫合作，通过支持发展中国家减贫，开展扶贫外交，提升中国的软实力。

2020 年 12 月 14—15 日，人类减贫经验国际论坛于北京举行。本次论坛以"推进全球减贫事业 构建人类命运共同体"为主题，来自 60 多个国家和地区以及 20 多个国际组织的 200 余位政界、学界、新闻界和企业界代表线上线下参会，围绕加强减贫经验交流与合作，深入探讨，达成广泛共识。图为人类减贫经验国际论坛"金融支持国际减贫事业发展"线上分专题研讨会现场。（新华社记者 李鑫摄）

## 三、中国特色减贫道路的历史意义

中国特色的减贫道路包括实践和理论两个层面的意义，从实践方面来说，经过 70 多年的艰苦奋斗，中国终于消除了农村绝对贫困，为全

习 近 平
扶贫论述摘编

中共中央党史和文献研究院 编

中央文献出版社

2018 年 6 月出版的《习近平扶贫论述摘编》。

面建成小康社会和实现第二个百年奋斗目标奠定了基础；从理论方面来说，确立了习近平总书记关于扶贫工作重要论述的地位，对国际社会的贫困治理提供了中国经验。

第一，形成并确立了习近平总书记关于扶贫工作重要论述的地位。习近平总书记对扶贫进行了全面的论述，系统地阐述了中国的扶贫理论，特别是在《习近平扶贫论述摘编》中所呈现的八个方面，不仅为精准扶贫作出了明确的指示，也是对中国扶贫经验的系统总结，呈现出中国扶贫道路的具体内涵。这是人类减贫历史上一笔重要的理论财富。

第二，实践并检验了中国特色的减贫道路。按照现行标准，中国在改革开放之初，几乎所有农民都是贫困人口，到 2020 年底实现全部农村贫困人口脱贫，这一历史性成绩的取得证明了中国特色的减贫道路是一条适合中国国情的减贫道路，也是一条成功的减贫道路。中国减贫道路的成功为人类减贫提供了中国经验，成为人类减贫知识的重要组成部分。

第三，补齐了全面建成小康社会的短板。2020 年是中国全面建成小康社会之年，全面建成小康社会的关键之一就是农村贫困问题的解决。习近平总书记多次讲道，"小康不小康，关键看老乡"，"全面小康路上一个不能少，脱贫致富一个不能落下"。中国特色减贫道路的成功标志着中国第一个百年奋斗目标的实现和第二个百年奋斗目标的开始，在全面建成小康社会的基础上，开启全面建设社会主义现代化国家新征程。

## 关键概念

### 两个一百年

党的十五大首次提出"'两个一百年'奋斗目标"，即到建党一百年时，使国民经济更加发展，各项制度更加完善；到21世纪中叶新中国成立一百年时，基本实现现代化，建成富强民主文明的社会主义国家。党的十九大对"'两个一百年'奋斗目标"的战略部署提升到新的历史高度，指出："从十九大到二十大，是'两个一百年'奋斗目标的历史交汇期。我们既要全面建成小康社会、实现第一个百年奋斗目标，又要乘势而上开启全面建设社会主义现代化国家新征程，向第二个百年奋斗目标进军。"

# 第二章

# 不忘初心　牢记使命

中国特色减贫道路始终是在中国共产党的领导下逐渐形成和完善的，没有中国共产党的领导，就不会有成功的减贫实践。中国共产党的领导之所以在中国减贫中具有不可替代的作用，首先是由党的性质决定的，中国共产党的初心和使命就是为中国人民谋幸福，为中华民族谋复兴。在中华人民共和国成立之前，中国共产党领导全国人民进行了艰苦卓绝的斗争，消灭了剥削和压迫；中国共产党成为执政党以后，领导全国人民发展生产，走共同富裕之路，中国的减贫工作始终是在党的领导之下开展的。其次，各级党组织在扶贫中发挥领导作用，特别是贫困地区的各级党组织始终将扶贫作为中心工作；基层党组织发挥战斗堡垒作用，冲锋在扶贫的第一线；党员采取结对形式，帮扶贫困村和贫困户解决困难。

## 一、中国共产党的使命

消除贫困，走共同富裕的道路是社会主义的本质要求，党的性质决定了中国共产党必须承担起消除贫困的历史责任。

第一，为中国人民谋幸福是中国共产党的初心。中国共产党成立于国家危难之时，面对山河破碎、民不聊生的局面，中国共产党以领导广大工农群众，推翻旧的统治，结束剥削制度为使命。为了全国人民的福祉，中国共产党领导人民浴血奋战，建立了中华人民共和国。在中华人民共和国成立以后，党领导人民发展经济、消除贫困，努力实现共同富裕。习近平总书记在"不忘

**在"不忘初心、牢记使命"主题教育工作会议上的讲话**

（2019 年 5 月 31 日）

习　近　平

人民出版社

2019 年 7 月出版的《在"不忘初心、牢记使命"主题教育工作会议上的讲话》。

初心、牢记使命"主题教育工作会议上强调，"守初心，就是要牢记全心全意为人民服务的根本宗旨，以坚定的理想信念坚守初心，牢记人民对美好生活的向往就是我们的奋斗目标"。减贫就是要使全体人民共享社会经济发展的成果，不让贫困地区和贫困人群掉队。

第二，领导和加强扶贫工作夯实了中国共产党的群众基础。在战争年代，受压迫的人民群众是中国共产党的群众基础，正是因为中国共产党带领人民结束了剥削制度，从而获得了广大人民群众的支持。在成为执政党以后，中国共产党代表最广大人民群众的根本利益，要消灭贫穷，实现共同富裕。在市场经济条件下，发展的不平衡和不充分是客观存在的，党在鼓励一部分地区和一部分人先富起来的同时，仍然关注那些由于各种原因仍然贫困的人群，特别是那些还生活在贫困线以下的人

群。扶贫的成功巩固了党的群众基础。

第三，扶贫体现了中国共产党的先进性。党的章程规定，"中国共产党是中国人民和中华民族的先锋队，是中国特色社会主义事业的领导核心，代表中国先进生产力的发展要求，代表中国先进文化的前进方向，代表中国最广大人民的根本利益。"先进生产力和先进文化建立在更加公平和平等的社会基础上。消除绝对贫困只是中国发展的第一步，是全面建成小康社会的要求，在消除绝对贫困以后，相对贫困依然会存在，相对贫困的治理仍将是今后长时期的扶贫工作重点。在把我国建成富强民主文明和谐美丽的社会主义现代化强国过程中，全体人民共享中国发展成果是中国共产党的奋斗目标。

贵州省黔南州惠水县农民在搬入新的社区之后张贴"感恩党"的剪纸。

# 二、党的领导是成功减贫的保证

在长期的扶贫实践中，党不仅是领导者，而且也是实践者，党不仅确立了扶贫的目标，而且带领全体党员干部投身扶贫第一线。党的十八大以来，习近平总书记亲自部署，实施精准扶贫基本方略；中国共产党不断完善顶层设计、确立目标，实施五级书记一起抓扶贫的领导体制，加强基层党组织建设，发挥党员干部的引领作用，将全面从严治党贯穿脱贫攻坚始终。

## （一）顶层设计、确立目标

为了全面建成小康社会，实现"三步走"总体战略目标，中国共产党于 2015 年底作出坚决打赢脱贫攻坚战的重大决定，把脱贫攻坚工作纳入"五位一体"总体布局和"四个全面"战略布局，完善顶层设计。首先确立了到 2020 年农村全部贫困人口实现"两不愁三保障"的目标，建立了各级党政领导负责制度，向贫困乡村派出党员干部，从上到下实现了党对扶贫工作的领导。正如习近平总书记所指出的，"我们加强党对脱贫攻坚工作的全面领导，建立各负其责、各司其职的责任体系，精准识别、精准脱贫的工作体系，上下联动、统一协调的政策体系，保障资金、强化人力的投入体系，因地制宜、因村因户因人施策的帮扶体系，广泛参与、合力攻坚的社会动员体系，多渠道全方位的监督体系和最严格的考核评估体系，为脱贫攻坚提供了有力制度保障。"

## 关键概念

### "三步走"发展战略

小康，是邓小平同志 1979 年会见当时的日本首相大平正芳时第一次提出的用于现代化发展战略的一个概念："所谓小康社会，就是虽不富裕，但日子好过"。1987 年 10 月，党的十三大把邓小平"三步走"的发展战略构想确定下来，即第一步，实现国民生产总值比 1980 年翻一番，解决人民的温饱问题。这个任务已经基本实现。第二步，到 20 世纪末，使国民生产总值再增长一倍，人民生活达到小康水平。第三步，到 21 世纪中叶，人均国民生产总值达到中等发达国家水平，人民生活比较富裕，基本实现现代化。然后，在这个基础上继续前进。

江泽民同志在党的十五大上指出，21 世纪，"我们的目标是，第一个十年实现国民生产总值比二〇〇〇年翻一番，使人民的小康生活更加宽裕，形成比较完善的社会主义市场经济体制；再经过十年的努力，到建党一百年时，使国民经济更加发展，各项制度更加完善；到 21 世纪中叶建国一百年时，基本实现现代化，建成富强民主文明的社会主义国家"。

习近平总书记在"7·26"重要讲话中，对实现"'两个一百年'奋斗目标"作出新阐述、提出新要求，强调到 2020 年全面建成小康社会，实现第一个百年奋斗目标，是中国共产党向人民、向历史作出的庄严承诺。2020 年全面建成小康社会后，我们要激励全党全国各族人民为实现第二个百年奋斗目标而努力，踏上建设社会主义现代化国家新征程，让中华民族以更加昂扬的姿态屹立于世界民族之林。

## （二）明确责任，全党动员

党的十八大以来，扶贫被作为最重要的工作之一，各级党委政府建立了明确的目标责任制，全体党员被动员起来，投入脱贫攻坚中。

第一，五级书记一起抓扶贫的领导体制。过去扶贫工作经常被作为扶贫机构的工作，在扶贫中就会遇到投入资源不足，各方力量协调困难的问题。在实施精准扶贫战略中确立了省市县乡村五级书记抓扶贫的格局。扶贫开发任务重的省（自治区、直辖市）、市（地）、县（市）、乡镇的党政领导均向上一级签署脱贫责任书，每年向中央作扶贫脱贫进展情况的报告。扶贫工作做不好，主要领导要被问责。五级书记抓扶贫确保了各级党委政府将人力物力投入扶贫中，更好地协调各方力量，体现了中国集中力量办大事的制度优势，从而为打赢脱贫攻坚战提供了坚实的组织保障。

第二，全党动员，投入脱贫攻坚。在脱贫攻坚中，党的各个部门都发挥了重要作用。各级党委的组织部负责向贫困村派驻第一书记和驻村帮扶工作队，并对干部进行考核，提拔优秀的扶贫干部，这对于提高扶贫干部的积极性发挥了重要作用。纪检监察部门加大对扶贫领域的腐败行为、弄虚作假行为的惩治力度，保障了脱贫攻坚的质量。统战部门与民主党派、工商界人士密切联系，为脱贫攻坚出谋划策，增加投入。宣传部门宣传脱贫攻坚的好经验、好典型，营造良好的舆论氛围，在贫困地区，脱贫攻坚成为各级党委的首要工作。

与此同时，通过帮扶贫困户的方式，党员干部与贫困户建立了脱贫帮扶关系。在一些贫困县，党员干部与贫困农户建立了帮扶关系，有些干部利用自身优势帮助贫困农户解决农副产品销售问题，有些党员干部帮助贫困户解决医疗问题，同时，这些党员干部会经常走访慰问贫困

扶贫领域违纪违规曝光平台

| 首页 > 曝光台 | |
|---|---|
| **最新通报** | 更多>> |
| · 广州通报3起扶贫领域典型问题 | 2020-05-25 |
| · 山东省纪委公开曝光5起扶贫领域和作风典型问题 | 2020-05-25 |
| · 安居富民房遭遇"踢皮球" | 2020-05-25 |
| · 失而复得的危房改造补助款 | 2020-05-25 |
| · 中央纪委国家监委公布专项整治漠视侵害群众利益问题阶段性工作成果 | 2020-01-07 |
| · 安徽省纪委监委通报六起扶贫领域腐败和作风问题典型案例 | 2019-12-26 |
| · 庆阳市纪委监委通报9起扶贫领域腐败和作风问题 | 2019-12-26 |
| · 定西市纪委监委通报5起扶贫领域腐败和作风问题 | 2019-12-25 |
| · 广东通报4起扶贫领域腐败和作风典型问题 | 2019-05-17 |
| · 重庆通报4起扶贫领域腐败和作风问题案例 | 2019-05-17 |
| · 云南：大理州纪委通报5起扶贫领域腐败和作风典型问题 | 2019-05-17 |
| · 重庆市纪委通报三起扶贫领域腐败和作风问题典型案例 | 2019-05-17 |
| · 甘肃：甘南州通报4起扶贫领域形式主义官僚主义问题 | 2019-05-17 |

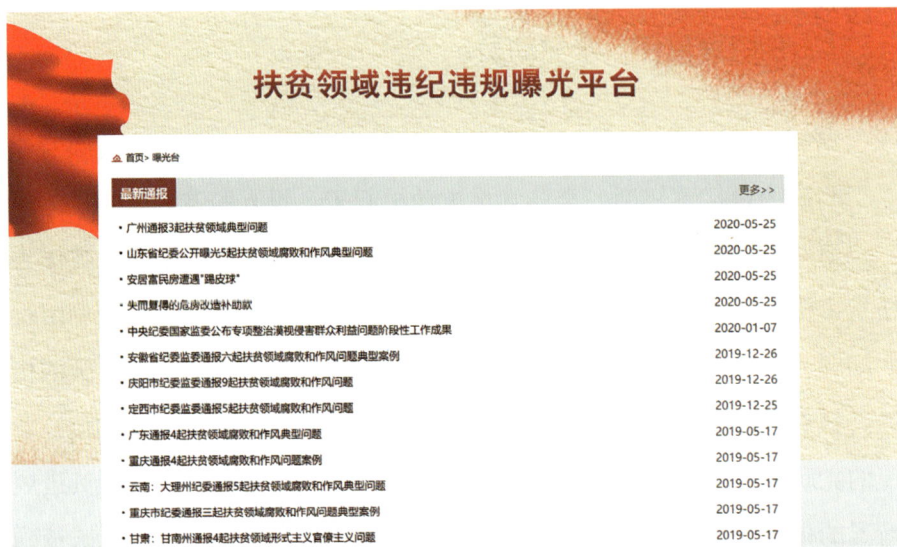

中央纪委国家监委网站监督曝光扶贫领域违纪违规的问题

资料来源：中央纪委国家监委网站截图，2021 年 2 月 6 日，见 http://www.cpad.gov.cn/col/col2081/index.html。

户。党员干部联系贫困户制度解决了贫困户面临的具体问题，提升了贫困户脱贫的信心。

## 专　栏

　　黄文秀，女，1989 年 4 月出生，2019 年 6 月 17 日去世。中共党员，生前是广西壮族自治区百色市乐业县新化镇百坭村第一书记。

　　黄文秀从北京师范大学研究生毕业后，主动放弃大城市工作机会，毅然回到革命老区，投身脱贫攻坚主战场。她深入群众，一户一户摸清需求，从点滴做起为群众排忧解难，赢得群众的信任和爱戴。她团结村里党员干部，耐心细致做群众工作，激发贫困群众内生动力，带领群众发展产业，贫困户实现户户有产业，村集体经济项目实现翻倍增收。她顾大家舍小家，没有时间考虑个人问题，没有时间照顾残疾母亲和重病父亲，把所有的时间都奉献给脱贫攻坚事业。经过努力，百坭村脱贫 88 户 418 人，贫困发生率从 22.88% 降至2.71%。她用美好的青春诠释了共产党人的初心使命，谱写了新时代的青春之歌。2019 年，人力资源社会保障部、国务院扶贫办追授黄文秀同志"全国脱贫攻坚模范"荣誉称号。2019 年 10 月，中共中央追授黄文秀同志为"全国优秀共产党员"。

资料来源：《全国脱贫攻坚模范·黄文秀》，见 http://fpzg.cpad.gov.cn/429463/429472/429659/index.html。

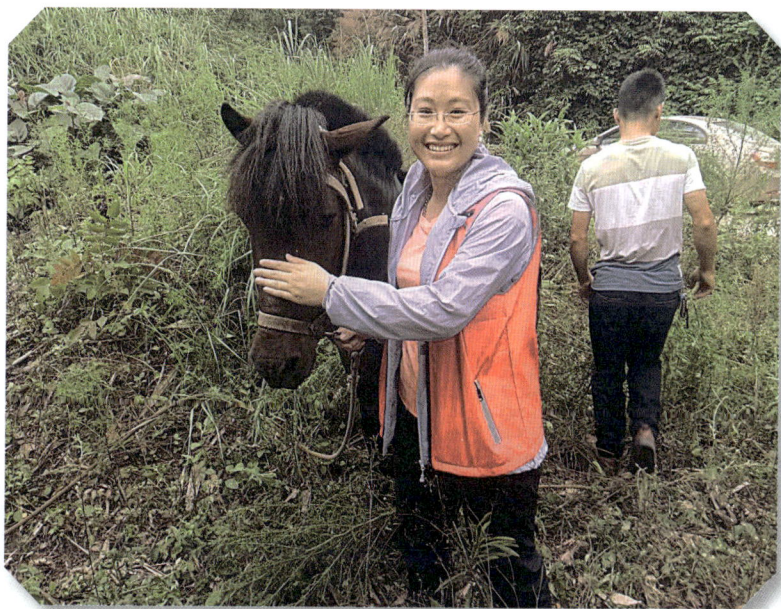

黄文秀生前照片。（新华社发）

## （三）基层党组织建设

贫困村和贫困户的脱贫离不开一个强有力的党支部，"给钱给物，不如给个好支部"是中国扶贫的重要经验。基层党组织建设就是要完善贫困村的治理机制，提升村级组织的扶贫能力，建设良好的村庄社会风气。

第一，村级治理体系和治理能力建设。如果没有一个强有力的村级组织，脱贫攻坚的目标就无法实现，基层党组织建设首先是选好村级组织的带头人，动员和选拔那些有知识、有能力，愿意带领群众脱贫的党员出任村支部书记，对党员干部进行系统的培训，提高他们的能力和责任感。其次是发挥党员的模范带头作用，特别是那些有经济头脑的农村党员，党员带群众，先富带后富，党员要带领群众致富。

江西省鹰潭市贵溪市致富带头人崔学军（右）创办扶贫车间，带动一批贫困群众脱贫致富。图为崔学军与同事商讨扶贫车间工作。

**典型案例**

## 首个农民夜校在放养殖技术光碟中诞生

2015 年 4 月，吴霄被原四川省安监局派至凉山州喜德县小山村担任第一书记。驻村帮扶的第一年冬天，吴霄发现，村里不少小猪因为天气寒冷导致冻死。在当地村民们看来，这是自然界的优胜劣汰，早已经习以为常。但吴霄却不这么认为，他觉得是养殖户的管理技术不到位造成的。

惋惜的同时，吴霄开始想办法，希望能尽快解决这一问题。一次，吴霄无意间在村里的农家书屋发现了一套小猪养殖教学光碟，里面恰好有关于如何保障小猪过冬的教学内容。于是，吴霄开始组织一部分养殖户来到活动室，用投影仪播放小猪养殖管理技术章节。

逐渐，村里组织村民学习成为常态。经过一段时间的摸索，2016 年 7 月，小山村农民夜校正式成立。"让村民提高文化水平、掌握务工技能，是开办农民夜校的一个重要原因。"吴霄说，当时驻村调研后发现，村民生产技术、务工技能缺乏，文盲率达到 70% 以上，还有 30% 的村民不能讲汉语。

"我们把幼教点的老师邀请过来作为夜校的文化教师。第一书记、大学生村官也是文化、政策、法律老师。我们还组织帮扶干部到农民夜校给村民、给党员干部上党课，进行感恩教育。"吴霄介绍，农民夜校的日常教学就是要利用好周围的一切资源。驻村工作队员、村"两委"成员都可以成为夜校的教师。上课前，第一书记会收集村民教学需求，根据大家的意愿，组织相对应的教师进行授课。"通过整合全县的教师资源，我们还建立了师资库，统筹安排，农民夜校的教学工作有了强大的后盾。"

资料来源：四川省新闻网：《省直帮扶单位结对共建活动阵地 首个农民夜校在放养殖技术光碟中诞生》，2020 年 8 月 18 日，见 http://www.cpad.gov.cn/art/2020/8/18/art_40_182841.html。

在组织体系方面，充分发挥群众路线的优良传统，推进贫困村村务监督委员会建设，继续落实好"四议两公开"工作法、村务联席会等制度，健全党组织领导下自治、法治、德治相结合的村民自治机制。

### 🔖 关键概念

**"四议两公开"工作法**

"四议两公开"工作法指的是对所有村级重大事项的决策和实施都要坚持村党组织的领导，必须经过"四议""两公开"的程序进行，"四议"为党支部会提议、"两委"会商议、党员大会审议、村民代表会议或村民会议决议；"两公开"为决议公开、实施结果公开。

第二，提升农村集体实力。贫困村大多缺少集体经济收入，这使得村级组织很难发挥作用，服务群众。促进农村集体经济发展是提升贫困村基层组织治理能力的重要举措，许多地区都采取了多种措施加强贫困村集体经济的建设，典型的如盘活农村土地资源（包括缺乏经营效益的承包地、未承包到户的集体荒地等），用好农村资产及扶贫资金（农户

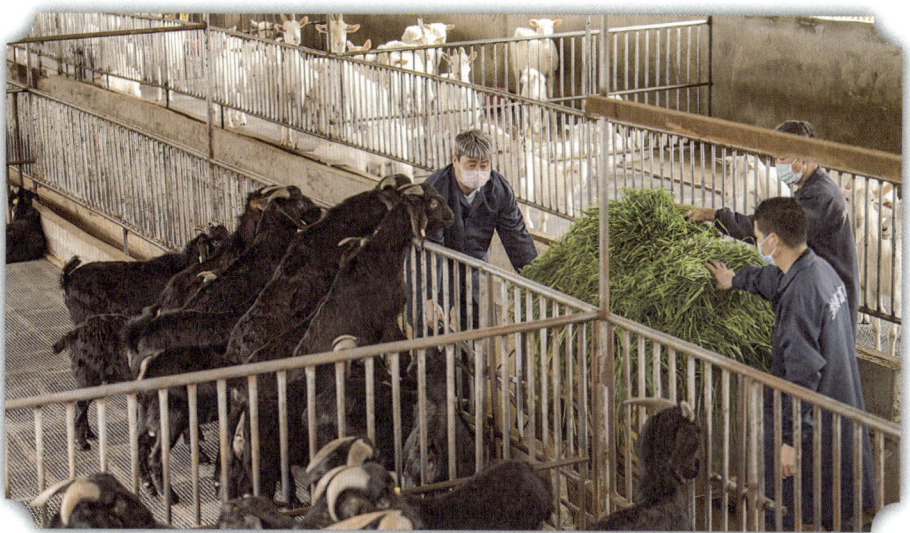

江西省新余市渝水区创业致富带头人张忠平（左一）在黑山羊养殖基地。

和村集体闲置房屋、财政资金投入形成的可经营资产、到户产业扶贫资金），通过产权转让的方式（包括入股、出租、转让等具体形式），交由龙头企业、合作社、家庭农场等新型经营主体进行经营，使农户或村集体取得分红或租金等收入。

**典型案例**

### 贵州六盘水的"三变"改革

先富者砥砺前行，后进者拔足追赶。在写入中央文件的贵州"三变"改革中，盘州市普古乡娘娘山联村党委书记陶正学留下了精彩的探索实践。

2012年，这个过去从事煤炭产业的亿万富翁陶正学情系故土，转型从事现代农业。在变"资源为资本、资金为股金、农民为股民"的发展道路上，陶正学率先在家乡舍烹村探出路子后，

2013 年 7 月，在上级党委的领导和指导下，以舍烹村为核心，联合周边 7 个村党支部和 1 个园区企业党支部，采取"1+8"的模式创新组建了六盘水市第一家联村党委——普古乡娘娘山联村党委。按照"园区＋联村党委＋支部（村委会）""银湖合作社＋村级合作社＋农户"等模式，整合 8 个村耕地、林地、草地等资源。

如今，10.68 万亩自然资源变资产，964 户农民变成股东，1161 个贫困人口实现脱贫，曾经边、远、穷的舍烹村成为"全国文明村镇"。娘娘山已从一个远近闻名的穷窝窝，摇身一变成为农民人均纯收入 1.12 万元的现代化生态产业园。

资料来源：《贵州脱贫攻坚战场上的精神丰碑》，2019 年 10 月 22 日，国家乡村振兴局官方网站转载《贵州日报》报道，见 http://www.cpad.gov.cn/art/2019/10/22/art_5_105602.html。

第三，建设文明乡风。文明乡风对于激发贫困群体内生动力，促进贫困村发展具有重要作用。为了在贫困村形成良好的风气，杜绝陈规陋习，基层党组织探索形成了许多具有代表性的做法和经验，比如建立文明乡风积分制，对于在村庄中孝敬老人，家庭邻里和睦，帮助弱势群体，参与村容村貌建设等正面行为量化成可以换取商品或服务的积分，这些积分可以兑换一些礼品，从而激发贫困户的正能量。再比如，完善以奖代补激励机制，在产业扶贫、就业扶贫等领域，尽可能避免简单发钱发物的办法，更多使用同参与度及实效挂钩的奖励措施。还有，创设由老党员等村庄权威及村民志愿者组成的"红白理事会""孝心爱心理事会"等自我服务机构，监督村民遵守村规民约，弘扬传统美德，抵制陈风陋俗。此外，在村民中发现、树立一批乡风文明建设的典型人物，如党员模范、脱贫致富典型、道德楷模、公益先驱等，通过表彰、宣传等途径让他们得到社会认同和社会荣誉，让他们成为村民羡慕、学习和追赶的对象。

陕西省安康市金寨镇寨河社区通过设立"红黑榜"来弘扬真善美、转化假丑恶，激励贫困群众脱贫致富。

## （四）全面从严治党

"打铁必须自身硬"，在脱贫攻坚实践中贯穿全面从严治党的精神，表彰鼓励那些在脱贫攻坚中作出贡献的党员干部，严惩在脱贫攻坚中弄虚作假、敷衍塞责的责任人，防止官僚主义和形式主义。

第一，提升党性修养。强化党的队伍建设，提高党员干部素质，在精准扶贫精准脱贫实践中，提高党员干部的党性修养。党的十八大以来，党中央部署了"两学一做""不忘初心、牢记使命"等一系列主题教育，这些教育的效果体现在扶贫领域，就是党员干部深入贫困村贫困户，为贫困群体解决实际问题。

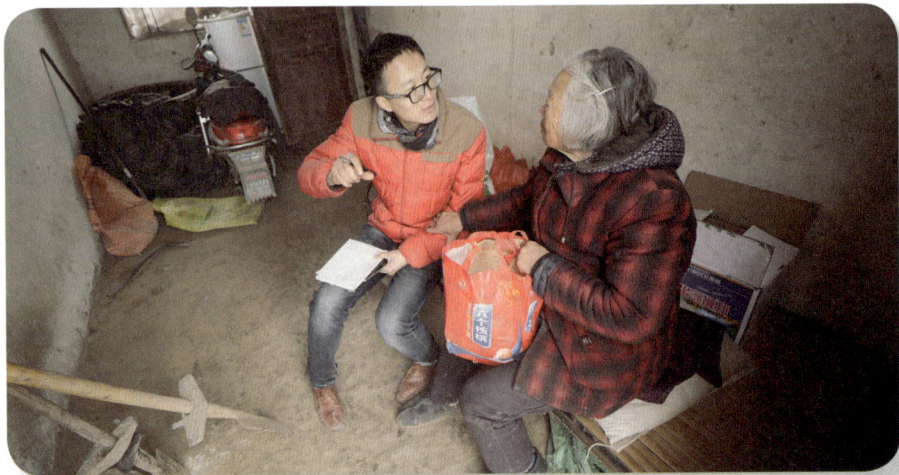

《中国扶贫》杂志社记者在安徽省阜阳市阜南县入户调研。

在条件最艰苦、扶贫工作任务最重的地方，都可以看到党员干部的身影，许多党员干部长期驻扎在贫困村，走村串户，带领村"两委"班子，制定和实施脱贫规划，帮助贫困户走上致富之路。

第二，对各级党组织开展脱贫攻坚巡视工作。为了从严治党，中央强化了巡视工作，特别是在党的十八大以来，把扶贫工作纳入专项巡视中，推动了各级党委政府加强扶贫工作，解决扶贫中的问题。党的十九大以来，中央组织了对地方和中央单位的脱贫攻坚专项巡视，这些巡视紧紧围绕"四个落实"，重点做到"八看"，对完成脱贫攻坚任务发挥了重要的推动作用。

📖 **关键概念**

**"四个落实"和"八看"**

"四个落实"：落实党中央脱贫攻坚方针政策、落实党委（党组）脱贫攻坚主体责任、落实纪委监委（纪检监察组）监督责任和有关职能部门监管责任、落实脱贫攻坚过程中各类监督检查发现问题整改任务，深入开展监督检查。

"八看"：看中央脱贫攻坚方针政策精准落实情况、看省区市党委履行脱贫攻坚主体责任情况、看相关中央和国家机关按照部门职责履行脱贫攻坚责任情况、看纪检监察机关履行脱贫攻坚监督责任情况、看各类监督检查发现脱贫攻坚过程中问题整改落实情况、看脱贫攻坚过程中干部队伍建设情况、看抓党建促脱贫攻坚和基层党组织建设情况、看东西部扶贫协作和中央单位定点扶贫工作开展情况。

第三，惩治扶贫领域腐败问题和加强作风建设。为保证扶贫资金真正用于扶贫事业，防止"跑冒滴漏"，党委纪检部门和国家司法机关将扶贫领域反腐败作为重点工作，将贪污占用扶贫资金明确为任何人都不能触碰的高压线，纪检监察、审计、扶贫等部门多管齐下，及时采取有

2017—2019年全国查处的扶贫领域腐败和作风问题及干部数量

说明：2018 年的数据统计自党的十九大至 2018 年 11 月；2019 年的数据统计自当年 1 月至 11 月。

数据来源：中央纪委国家监委网站。

力措施进行了治理。中央还将 2018 年作为扶贫领域作风建设年，集中处理了作风建设领域系列案件，公开曝光了一些负面典型及处理结果，起到很好的震慑作用。

## 三、中国共产党领导扶贫工作的经验

中国共产党对扶贫工作的领导坚持以人民为中心的宗旨，压实扶贫责任，狠抓扶贫工作作风，是打赢脱贫攻坚战的根本保障。

### （一）以人民为中心的宗旨

中国共产党不忘初心，始终将为人民谋幸福作为不断前进的目标和动力，特别是在精准扶贫战略实施以来，把贫困人口脱贫作为全面建成小康社会的底线任务和基本标志。加强党员干部思想政治建设和教育培训，使全体党员时刻牢记党来自人民、根植人民，永远不能脱离群众、轻视群众、漠视群众疾苦。带领全党以更大力度推进脱贫攻坚，以更大决心战胜在脱贫攻坚中遇到的种种艰难险阻。

### （二）压实扶贫责任

中国共产党将脱贫攻坚作为重大政治任务来抓，在党内形成了上下联动、统一协调的扶贫工作机制，要求各级书记以扶贫为第一要务开展工作，加强基层党建，深化落实主体责任，使党组织拧成一股绳，合力推进脱贫攻坚。

## （三）狠抓扶贫工作作风

中国共产党加强扶贫领域的党务工作，一方面开展巡视巡察，对地方和各单位党组织实行严格的考核评估；另一方面，制定明确的奖惩机制，激励有担当有作为的扶贫干部，惩办扶贫领域的腐败、形式主义、官僚主义问题，以实实在在的作风打赢脱贫攻坚战。

# 第三章

# 政府主导　集中力量

政府主导是中国特色扶贫模式的主要特点。党的十八大以来，以习近平同志为核心的党中央把贫困人口脱贫作为全面建成小康社会的底线任务和标志性指标，坚持以政府为主导的扶贫模式，组织实施专项扶贫和行业扶贫，广泛动员和引导社会力量参与扶贫，共同推进扶贫工作。中国减贫的成就证明，政府主导的扶贫模式适合中国国情，是一种有效的扶贫模式。

## 一、政府主导的优势

政府在中国反贫困中发挥着主导作用。政府主导能够发挥组织优势和资源动员能力，协调不同层级和部门之间的关系，连接社会、市场、企业、个人等各方资源，构建政府、市场、社会协同推进的扶贫格局，提升扶贫效能。中国政府把扶贫开发纳入国家总体发展战略，在反贫困中发挥主导作用，这为脱贫攻坚的胜利奠定了坚实的基础。中国之所以能够走出政府主导的扶贫道路，是中国政府的性质和制度优势所决定的。

　　首先，消除贫困、实现共同富裕是政府的职责。习近平总书记在党的十九大报告中强调，"必须始终把人民利益摆在至高无上的地位，让改革发展成果更多更公平惠及全体人民，朝着实现全体人民共同富裕不断迈进。"中国政府是人民的政府，帮助弱势群体、实现共同富裕是政府的重要职责。

　　其次，政府主导体现了集中力量办大事的制度优势。集中力量办大事是社会主义制度的一大特点，政府具有资源动员和配置的能力，政府将财政资源向贫困地区和贫困人群倾斜，重点支持欠发达地区和贫困农户的发展；政府具有制定政策的权力，通过制定有利于贫困地区和贫困户发展的政策，促进社会各方力量参与扶贫。

在东西部协作机制的推动下，陕西省洛南县的辣椒被端上南京市民的餐桌，红彤彤的辣椒变成了贫困户手中红灿灿的钞票。

最后，政府主导有助于构筑贫困治理的社会氛围。政府通过发动相关部门，开展理论宣传、社会宣传、新闻宣传、文化宣传等多种形式的宣传，带动社会各界力量参与扶贫，营造出全社会扶贫济弱以及贫困户自强自立、脱贫光荣的社会氛围。

国务院扶贫开发领导小组办公室政策法规司组织召开 2020 年全国扶贫宣传工作会议。

在过去的扶贫工作中，政府一直发挥着主导作用，特别是党的十八大以来开展精准扶贫，中国彻底消除农村绝对贫困，这是政府主导扶贫模式成效的具体体现。

## 二、政府主导的减贫

政府主导意味着由政府担负起扶贫的主要职责，以财政资金投入为主，通过政府相关部门实施扶贫的规划。中国政府在扶贫中的作用主要体现在通过扶贫规划确定扶贫方向，实施专项扶贫、行业扶贫，以及动员社会各界投入扶贫等方面。

## （一）统筹规划

在总体上把握全国贫困情况的基础上，政府对扶贫开发工作进行战略规划，并调动各方资源投入扶贫。具体来讲，第一，在政府主导下，有了明确的扶贫措施。在每个不同的阶段，由于扶贫的目标和任务不同，贫困的成因和表现不同，因此所采取的扶贫措施也不尽相同，政府扶贫规划基于当时贫困的主要原因和表现，制定了相应的措施，对整个扶贫工作发挥了指导作用。第二，有了明确的扶贫对象和扶贫标准。政府所确定的扶贫对象和扶贫标准不仅指导了政府主导的扶贫工作，还强化了扶贫政策的落实，保障了扶贫工作的成效。第三，对社会各界参与扶贫起到了引导作用。政府通过动员党政军部门、企事业单位、公益组织和个人，扩宽了扶贫资金来源，确保了扶贫开发工作的整体方向，营造了全社会扶贫救济的社会风气。第四，政府的规划也为扶贫的考核和

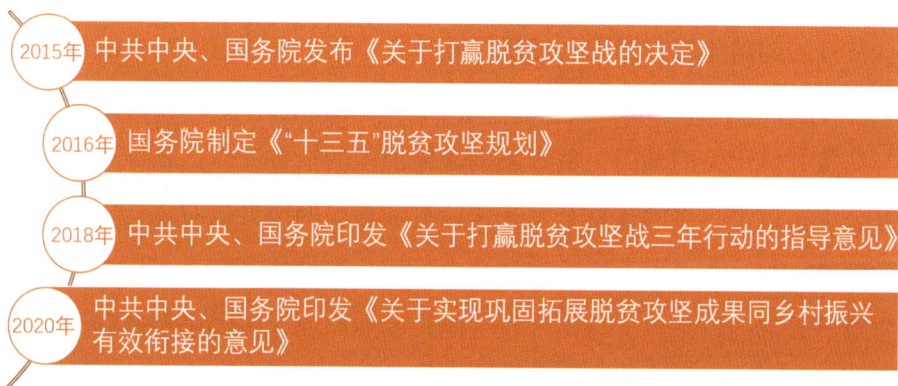

2015年　中共中央、国务院发布《关于打赢脱贫攻坚战的决定》

2016年　国务院制定《"十三五"脱贫攻坚规划》

2018年　中共中央、国务院印发《关于打赢脱贫攻坚战三年行动的指导意见》

2020年　中共中央、国务院印发《关于实现巩固拓展脱贫攻坚成果同乡村振兴有效衔接的意见》

党的十八大以来中共中央、国务院对扶贫开发工作的决策部署。

检查提供了依据。在规划产生以后，重要的是要将规划落实，这就需要相应的监督和考核机制。依照政府的扶贫规划，落实扶贫责任，考核各方面的扶贫成效，保障了扶贫目标实现。

## （二）专项扶贫

专项扶贫指由中央和地方各级政府编制专项计划、安排专项资金开展的扶贫活动。专项扶贫有明确的扶贫区域、完善的组织体系、稳定的资金保障和有针对性的扶贫举措。

20 世纪 80 年代中央政府开始支持不发达地区，特别是中西部革命老区、民族地区、边疆地区和特困地区。实施"八七扶贫攻坚计划"期间，中央政府的扶贫资源主要投入分布在 14 个连片贫困地区的 592 个国家扶贫开发工作重点县。精准扶贫精准脱贫时期，中央政府直接扶持的地区扩大到 14 个连片贫困地区的 832 个扶贫重点县和片区县。地方政府除了支持国家重点县的扶贫工作之外，还确定了省定的贫困县、村，由省级政府提供扶贫支持。

专项扶贫具有完善的组织体系。中国在 20 世纪 80 年代建立了负责扶贫开发的国务院贫困地区经济开发领导小组，后改名为国务院扶贫开发领导小组，由国务院副总理出任领导小组组长，成员单位有近 50 个与扶贫开发相关的部门，负责协调领导全国的扶贫工作。领导小组下设办公室，负责具体的扶贫开发工作。贫困地区的地方政府也设立了相应的领导小组，负责本地区的扶贫开发工作。专项扶贫资金来源于中央和省级财政部门，重点支持贫困村贫困户发展产业，改善小型基础设施和增加贫困户就业。设立专职负责扶贫开发的政府机构，保障了扶贫工作受到高度重视和持续的人力物力投入。

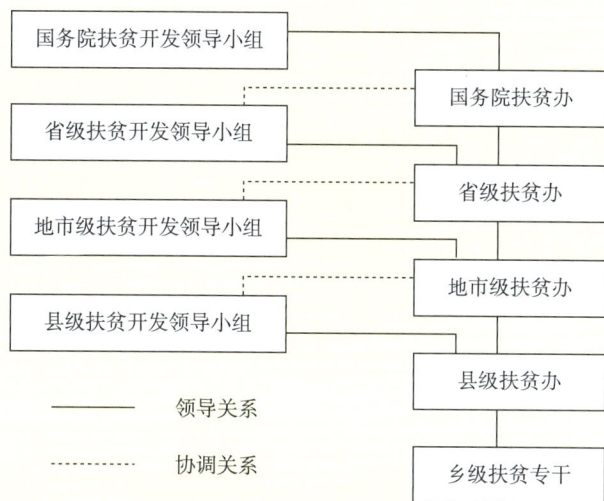

中国农村扶贫开发组织体系

## 文件解读

### 《中共中央　国务院关于打赢脱贫攻坚战的决定》

为了指导当前扶贫开发工作，中共中央、国务院于2015年11月29日颁布《中共中央　国务院关于打赢脱贫攻坚战的决定》，确定了实施精准脱贫的方略，提出脱贫攻坚战的总体目标，即"到2020年，稳定实现农村贫困人口不愁吃、不愁穿，义务教育、基本医疗和住房安全有保障。实现贫困地区农民人均可支配收入增长幅度高于全国平均水平，基本公共服务主要领域指标接近全国平均水平。确保我国现行标准下农村贫困人口实现脱贫，贫困县全部摘帽，解决区域性整体贫困"，对这一时期的扶贫开发工作进行了全方位的部署，是打赢脱贫攻坚战的纲领性文件。

　　开发式扶贫是中国扶贫的重要特征，通过对贫困户提供技术培训，提供发展生产所需要的资金和技术，促进贫困户发展生产，增加收入。在产业扶贫方面，中国积累了丰富的扶贫经验。发展具有地方特色的农业产业，使贫困户收入大幅度增加。在促进贫困地区农业发展的同时，政府采取多种措施实施就业扶贫，通过培训提高贫困农民的生产技能，并通过政府的劳务部门，将贫困地区的农村劳动力输送到经济发达地区。开发式扶贫促进了贫困地区的经济发展和贫困户的收入增长。

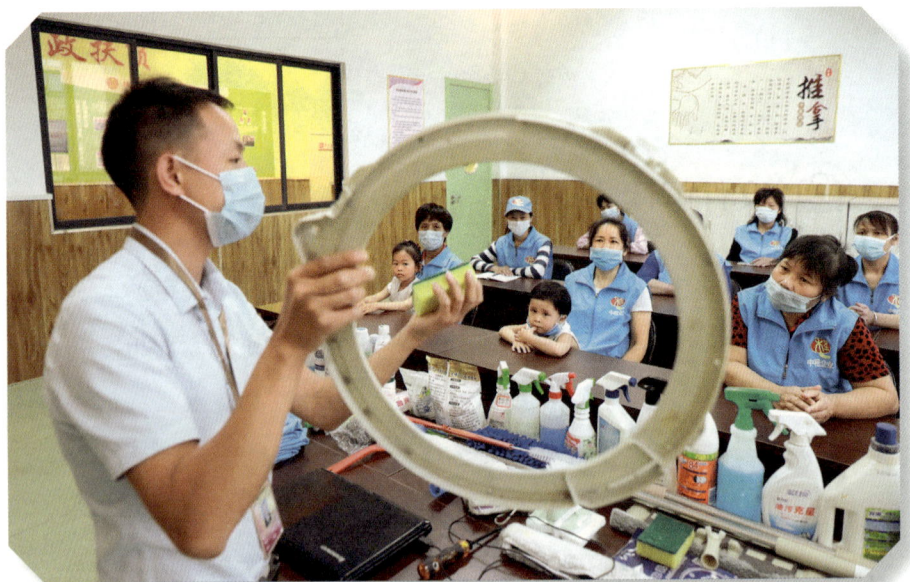

小家政，大前程。图为贫困户在广西壮族自治区桂林市双强家政职业培训学校接受家政技能培训。

　　改善贫困户的生存条件是专项扶贫的重要内容，贫困地区往往基础设施较差，自然灾害频发。专项扶贫投入资金改善农村的道路交通，打破贫困地区的封闭状况；同时加大农村的通信、饮水、贫困户的房屋建设，大幅度改善了贫困地区和贫困户的生存条件。对于那些生存条件非常艰

湖南省湘西土家族苗族自治州十八洞村精准扶贫前后。图左为曾经的十八洞村，图右为如今的十八洞村。

内蒙古自治区巴林左旗上京食用菌产业园按照"一房一院一棚一链"模式建设，目前实现 175 户 474 名搬迁户全部搬迁入住并实现就业。图为产业园远景。

苦，一方水土不能养活一方人的地区，则实施易地搬迁扶贫，将生态脆弱地区的贫困人群搬迁到平原地区和城镇周边地区。搬迁以后的贫困人口在就业、上学和就医等方面更加便利，生活条件得到了巨大的改善。

孩子们正在环江毛南族自治县毛南家园深圳幼儿园里上课。得益于易地扶贫搬迁政策，孩子们可以在县城就近入学。

### 典型案例

#### 广西都安易地扶贫搬迁——走出大山天地宽

都安瑶族自治县地处滇桂黔石漠化片区，石山面积达89%，共有19个乡镇253个村（社区）72.6万人，其中农业人口67万人。人均耕地面积不足0.7亩，素有"九分石头一分土"的"石山王国"之称。对于这样的"石山王国"，要啃下易地扶贫搬迁这块"硬骨头"十分不易。都安县委相关人员介绍说："我们按照近产业园区、近城镇集市、近公路沿线、近旅游景区、近土地资源的'五就近'原则，探索建立了变'集中安置、一体推进'为'适度集中、适当分散'的'1+5+N'安置模式，即在八仙工业园区建立万人规模安置点，在县城及重点乡镇设立5个核心安置新区，在其余有特色产业潜力的乡镇设立多个安置点。""十三五"期间，都安县共完成易地扶贫搬迁10511户46747人，其中建档立卡贫困人口9938户45801人，是广西易地扶贫搬迁人数最多、任务最重的县。

搬迁后，都安县按照"精准规划、精准搬迁、精准帮扶、稳定脱贫"的思路，在安置模式、产业配套、社区管理等方面进行创新，把"扶贫车间"建在安置点以吸纳就业。都安县委相关人员告诉记者："我们在全县规模500人以上的12个安置点均分别征收预留了10亩的土地作为产业用地，目前已经建成了12个'扶贫车间'，共吸纳近1500名搬迁贫困劳动力就业。"对于在距离仙垌社区仅一两公里的"扶贫车间"工作的28岁的苏柳丹来说，"走出大山天地宽"也是她这几年生活变化的真实写照。

资料来源：《广西都安易地扶贫搬迁——走出大山天地宽》，2020年8月13日，国家乡村振兴局官方网站转载《农民日报》报道，见http://www.cpad.gov.cn/art/2020/8/13/art_28_182753.html。

要让贫困地区和贫困户实现可持续发展，就必须提升贫困户的劳动技能，促进贫困户就业。原来贫困户缺乏劳动技能，靠自己无法维持基本的生计。为此，政府开展劳动力培训，增加贫困户的人力资本，提高贫困户的"造血"功能；推进东西部劳务协作，充分运用东部省份资金资源，采取积极措施吸纳西部协作省份劳动力就业；发展一批扶贫车

开展技能培训，促进贫困群众在建筑企业就业。图为陕西省勉县周家山镇留旗营社区贫困户在该社区农业互助合作社下设的建筑工程队务工。

河北省张家口市下马圈乡下马圈村公益性岗位贫困人员在清理路面垃圾。

间、社区工厂、卫星工厂、就业驿站，创设公益岗位，提供大量就近就业的机会。不管是务农还是务工，在政府的协助下，贫困户掌握和提升了劳动技能，获得了更多就业渠道，实现了稳定脱贫不返贫。

党的十八大以来，面对剩下的脱贫难度较大的贫困人口，政府转变以往"大水漫灌"式的扶贫路径，实施精准扶贫战略，在聚焦贫困地区的基础上将扶贫对象精确到户，做到因村因户因人施策，同时确保资金投入和使用精准，加强资金监管，全力保障脱贫攻坚。

### （三）行业扶贫

贫困问题不仅是经济问题，还受到自然、人文、社会等很多因素影响，因此需要政府中的其他部门参与进来，从各行业优势出发进行行业扶贫，对贫困问题进行综合治理。行业扶贫主要指扶贫办系统之外的政府职能部门从行业管理与服务职责出发，支持贫困地区和贫困人口发展，涉及交通、水利、电力、生态、土地、产业、文化、住房、医疗、教育、就业、网络、科技等诸多领域。

交通是制约贫困地区发展的重要因素，"要想富先修路"是扶贫的共识，如果没有良好的交通条件，那么外面的技术、资金和信息就无法进入贫困地区，贫困山区的资源也无法运送出来，贫困地区丰富的资源优势就无法转变为经济优势。为了解决贫困地区交通问题，交通和运输部出台了交通扶贫规划，交通的投入向贫困地区倾斜，特别是保障贫困乡村的通村路建设。

2013—2018 年贫困地区自然村通公路的农户比重

| 年份 | 2013 | 2014 | 2015 | 2016 | 2017 | 2018 |
|------|------|------|------|------|------|------|
| 比重 | 97.8% | 99.1% | 99.7% | 99.8% | 99.9% | 100% |

数据来源：《2019 年中国农村贫困监测报告》。

　　教育部会同有关部门印发《教育脱贫攻坚"十三五"规划》，对于义务教育阶段从三个方面着手开展教育扶贫，阻断贫困代际传递。一是健全中小学生学籍信息管理系统和国家人口基础信息库比对核查机制，同时对学习困难或厌学的学生进行帮扶，组织劝学返学专项行动，控制贫困人口义务教育辍学率。二是通过大规模新建、改扩建校舍，购置设施设备，改善贫困地区学校办学条件。三是通过对乡村教师发放生活补助、开展信息教育教学培训，选派退休和支教教师，加强教师队伍建设。

甘肃省临夏回族自治州东乡族自治区龙泉学校援建项目，为 1300 多名师生提供了良好的教学环境。

　　行业扶贫发挥了行业优势，从多个方面补齐了贫困地区发展的短板，在基础设施、公共服务等各个方面，缩小了贫困地区与发达地区的差距。行业扶贫增加了扶贫投入，发挥了行业优势，提升了扶贫的效率，特别是在党的十八大以来，各个相关行业围绕着贫困县、贫困村和

基本办学条件全面改善。

云南省住建厅定点帮扶大理市祥云县下庄镇大仓社区驻村第一书记和云娟利用假期时间组织社区孩子上课。

贫困户，以"两不愁三保障"为目标，相互配合，统筹使用资金，充分发挥了中国政府集中力量办大事的制度优势。

# 三、政府主导的成效

政府对扶贫工作的主导使政府、市场、社会凝聚共识、形成合力，共同推动扶贫工作，全面助力贫困地区和贫困人口脱贫，使扶贫工作取得了显著成效。

一是扶贫战略得到全面部署。政府制定脱贫攻坚顶层设计，推动体制机制创新，有组织、有计划地在全国范围内开展扶贫工作，将扶贫对象和项目安排精准到户到人，选派驻村干部下沉到基层一线实行帮扶，切实解决贫困群众实际困难，完善扶贫工作长效机制，确保脱贫攻坚清零任务的完成。

二是扶贫工作得到有效落实。政府建立完善了工作、投入、监督和考核四大体系，保证扶贫工作落到实处。具体来讲，"中央统筹、省负总责、市县抓落实"的工作体系层层传导压力，压实责任，确保各项决策部署不打折扣。多渠道筹措的投入体系在不断增加财政投入的同时创新投资融资机制，为脱贫攻坚提供资金保障。多维度的监督体系一方面开展巡视巡察，另一方面形成来信、来访、电话、网络、微信五位一体信访举报机制，加强媒体监督，使扶贫工作见实效、出成果。实行严格的考核体系，组织省际交叉考核、第三方评估、扶贫资金绩效评价和媒体暗访，通过较真碰硬，促进真抓实干。

三是扶贫资源得到协调整合。在扶贫中有多种资源投入，包括政府资源、市场资源和公益资源，如果这些资源不能得到协调整合，各行其是，就会影响扶贫的效果。政府通过跨部门、跨地区、全社会动员的扶贫协作机制，整合扶贫资源，使扶贫资源效用最大化。在政府主导下，各种资源相互配合，形成合力，从而提高了扶贫效果。

# 第四章

# 精准扶贫　靶向发力

　　目标瞄准是扶贫中的重点，也是扶贫中的难点，如果不能聚焦贫困地区、贫困户，出现扶贫资源外溢，就会削弱扶贫的效果。在四十余年的扶贫实践中，从区域开发，中间经过到村到户，最终到精准扶贫，中国扶贫目标不断明确，瞄准机制不断完善。党的十八大以来实施精准扶贫战略，以"五个一批"和"六个精准"为指引，成功地解决了"扶持谁""谁来扶""怎么扶""如何退"的问题，实现了扶贫目标和扶贫手段的统一，为目标瞄准、靶向发力提供了成熟的经验。精准扶贫方略被联合国秘书长古特雷斯誉为能够"帮助贫困人口、实现 2030 年可持续发展议程中宏伟目标的唯一途径"。

## 一、精准扶贫：靶向瞄准

　　经过区域扶贫、到村到户的扶贫，中国农村贫困人口大幅度减少。2013 年，习近平总书记首次提出精准扶贫，强调要"真扶贫、扶真贫"，实现了目标和手段的精准和有效。

## （一）确定目标群体　完善帮扶手段

制定贫困线是识别贫困人群的重要手段，在中国的扶贫实践中，基于中国经济发展水平，中国先后制定了 3 条贫困线，分别为 1978 年线、2000 年线和 2010 年线，三条贫困线所对应的当年贫困人口分别是 2.5 亿、0.94 亿和 1.6 亿。

虽然基于统计推论，可以测算出贫困人口总量，但是统计抽样无法确定哪些农户是贫困户，因此在扶贫初期主要采取了区域瞄准的办法，也就是在贫困人口比较集中的地区开展扶贫开发工作，从而使更多的贫困人口受益。在这种背景下，2010 年中国大幅度提高了贫困标准，使农村扶贫的目标人口从 2800 万增加到 1.6 亿。在《中国农村扶贫开发纲要（2011—2020 年）》实施的第 3 年，按照新的扶贫标准已经有超过 50%的贫困人口脱贫。然而，剩下的贫困人口致贫原因多种多样，而且以区域和贫困县为对象的扶贫很难聚焦于贫困户，要实现到 2020 年解决全部贫困人口脱贫的目标，必须要采取非常规的措施，即扶贫投入要更加聚焦贫困人群，扶贫措施更加具有针对性。

### 📖 文件解读

**《中国农村扶贫开发纲要（2011—2020 年）》**

相较以往有关农村扶贫开发的纲领性文件，《中国农村扶贫开发纲要（2011—2020 年）》不仅把目标任务从解决贫困人口温饱问题提高到实现"两不愁三保障"，而且主要任务从发

中国农村扶贫开发纲要

（2011—2020 年）

人 民 出 版 社

2011 年 12 月出版的《中国农村扶贫开发纲要（2011—2020 年)》。

展种养业、推进农业产业化经营转向了构建特色支柱产业体系，增加了危房改造、人口和计划生育、林业和生态等三项，进一步扩展了教育和医疗卫生领域的内容（包括加强学前教育和普通高中阶段教育；要求新型农村合作医疗参合率稳定在 90％以上，门诊统筹全覆盖基本实现；逐步提高儿童重大疾病的保障水平，每个乡镇卫生院有 1 名全科医生等），还提出"通过走出去、引进来等多种方式，创新机制，拓宽渠道，加强国际反贫困领域交流"，大幅度提高了扶贫的标准和要求。

## （二）精准扶贫战略的提出

随着农村贫困人口减少，扶贫的难度在增加，因为尚未脱贫的人口大多分布在深度贫困地区，经过多年扶持仍未脱贫。习近平总书记指出，"当前脱贫攻坚既面临一些多年未解决的深层次矛盾和问题，也面临不少新情况新挑战。脱贫攻坚已经到了啃硬骨头、攻坚拔寨的冲刺阶段，所面对的都是贫中之贫、困中之困，采用常规思路和办法、按部就班推进难以完成任务，必须以更大的决心、更明确的思路、更精准的举措、超常规的力度，众志成城实现脱贫攻坚目标。"

2013 年，习近平总书记在湖南十八洞村首提精准扶贫，强调"实事求是、因地制宜、分类指导、精准扶贫"。精准扶贫被总书记形象地比喻为变"大水漫灌"为"精准滴灌"，指出"扶贫不能'手榴弹炸跳蚤'，'遍撒胡椒面'解决不了大问题"。随后中共中央办公厅和国务院办公厅印发《关于创新机制扎实推进农村扶贫开发工作的意见》，文件要求"建立精

关于创新机制扎实推进
农村扶贫开发工作的意见

人民出版社

2014 年出版的《关于创新机制扎实推进农村扶贫开发工作的意见》。

近年来，湖南湘西州花垣县种植了 3000 亩猕猴桃，带动 9000 多名贫困群众增收。图为十八洞村村民在采摘猕猴桃。

准扶贫工作机制"，提出"国家制定统一的扶贫对象识别方法"，对每个贫困村、贫困户建档立卡，根据贫困识别结果剖析致贫原因、实施精准扶贫，逐村逐户制定帮扶措施。

精准扶贫第一次精准地识别出贫困人群，并基于具体的贫困原因分析，制定了脱贫策略和帮扶机制。

---

**专 栏**

**《关于创新机制扎实推进农村扶贫开发工作的意见》**

（一）改进贫困县考核机制。

（二）建立精准扶贫工作机制。

（三）健全干部驻村帮扶机制。

（四）改革财政专项扶贫资金管理机制。

（五）完善金融服务机制。

（六）创新社会参与机制。

---

### （三）建档立卡

精准识别贫困人群是精准扶贫的基础，也是长期以来扶贫事业努力的方向。为了更准确地识别贫困人群，《中国农村扶贫开发纲要（2011—2020 年)》明确提出，要对在扶贫标准以下具备劳动能力的农村人口建档立卡，实行动态管理。建档立卡是实现精准扶贫的第一步，即通过深入的调查，将贫困农户识别出来，通过系统的分析以确立其致贫原因，并在此基础上明确帮扶责任和帮扶措施。

建档立卡是一项很复杂的工作，无论信息的采集还是分析都需要投入大量的人力，此前尽管扶贫部门已经提出了建档立卡的设想，但是一直停留在试验阶段。国务院扶贫开发领导小组办公室于 2005 年 4 月 27 日发布《关于进一步加强贫困人口建档立卡和扶贫动态监测工作的通知》，开展贫困人口建档立卡工作，为我国扶贫开发工作提供更准确、更全面的基础数据，但也只是在 8 个省区进行试点。

在实施精准扶贫以后，建档立卡才真正成为精准扶贫的有效工具。2014 年，国务院扶贫开发领导小组办公室印发《扶贫开发建档立卡工作方案》，开始了大规模的建档立卡。建档立卡包括两个内容，即贫困村的建档立卡和贫困户的建档立卡，其中贫困户建档立卡的任务更为繁重和困难。判断贫困户的标准主要基于 2013 年农民人均纯收入 2736 元（相当于 2010 年 2300 元不变价），综合考虑住房、教育、健康等情况，

驻村干部为贫困户讲解扶贫政策，分析脱贫情况。

按照各省分解到村的贫困人口数量，通过农户申请、民主评议、公示公告和逐级审核的方式，整户识别。具体来讲，贫困户建档立卡工作展现出以下特点，确保"扶真贫"。

第一，在建档立卡中，坚持村民参与和公开透明的原则，所有的贫困人群都要经过村民评议和信息公开，接受群众监督，有效解决信息不足的问题。

第二，作为建档立卡的主要责任人，村支"两委"的干部、乡镇包村干部和驻村帮扶工作队要对所有贫困户进行多次访问，详细了解贫困户的情况，并与贫困户进行讨论，分析其致贫原因和帮扶措施，确定对口帮扶的责任人，提高建档立卡的质量。

值得注意的是，为了使建档立卡具有可操作性，在各地都产生了一些适合当地情况且便于操作的识别方法。比如建立排除清单，如果成员中有国家公职人员或有稳定收入，原则上不列为建档立卡户。

琼中县认真开展精准扶贫建档立卡工作，扶贫干部走村串户了解贫困户致贫原因，完善贫困户档案。
（陈元才、朱德权摄）

湖南省娄底市双峰县甘棠镇祠堂湾村驻村帮扶干部走访贫困户。

## 🔖 关键概念

### 精准扶贫四看法

"精准扶贫四看法"是由贵州威宁县迤那镇莲花村"同步小康驻村"工作队和当地干部群众在实践中总结出来的一种贫困识别法，即"一看房，二看粮，三看劳动力强不强，四看家中有没有读书郎"，其中，看房是通过看贫困对象住房条件及其生活环境估算其贫困程度；看粮是通过看贫困对象现实的耕地拥有及收成情况和生产生活条件估算贫困程度；看劳动力强不强是通过看贫困对象劳动力的强弱和掌握生产技能情况估算贫困程度；看家中有没有读书郎是通过看贫困对象可持续发展能力和掌握科技知识情况估算贫困程度。"精准扶贫四看法"取得了很好的效果，受到了习近平总书记的高度肯定。

第三，建档立卡是一个动态的过程，从 2014 年开始建档立卡，到 2015 年通过回头看，剔除不符合条件的农户，增加符合条件的贫困户，提高建档立卡的准确率。同时，在大量贫困人口脱贫以后，对建档立卡进行相应调整，坚持"应入尽入，应退尽退"，从而使建档立卡能够及时地反映脱贫的进展。

第四，建档立卡充分利用现代信息技术，相关数据经过逐级审核上报形成全国性的数据平台，第一次实现了全部贫困户信息的收集和分析，为精准扶贫的决策提供了支撑。

## 二、精准脱贫：因人施策

在精准扶贫战略中，建档立卡只是开始，更重要的在于如何采取有效措施，形成精准脱贫的机制。精准扶贫、精准脱贫被习近平总书记阐发为"六个精准"和"五个一批"，极大地丰富了扶贫理论。

### （一）"六个精准"，多维聚焦贫困

习近平总书记强调，精准扶贫要做到六个精准，即扶持对象精准、项目安排精准、资金使用精准、措施到户精准、因村派人（第一书记）精准、脱贫成效精准。各地都要在这几个精准上想办法、出实招、见真效。"六个精准"作为一个整体，构成了精准扶贫的精髓。

扶贫对象精准是基础。即通过建档立卡，锁定贫困人群，为扶贫提供了目标。

　　项目、资金和措施精准是手段。在识别出贫困户以后，分析贫困户的致贫原因，为有劳动能力的贫困户创造条件，有针对性地开展产业扶贫、教育扶贫、医疗扶贫、就业扶贫、资产扶贫、易地扶贫搬迁等多种扶贫举措。

　　因村派人是关键。主要来自县以上的干部组成的驻村帮扶工作队使贫困村的治理能力得到明显提高，扶贫资源的分配更加公平、透明，他们将村庄的需求和帮扶单位的特点结合起来，发挥各自的优势解决贫困村、贫困户的具体问题。

2013—2020 年驻村工作队、驻村干部和第一书记数量

数据来源：国家乡村振兴局。

　　脱贫成效精准是目标。一方面，为了防止出现虚假脱贫，在精准扶贫中实施了最严格的评估制度；另一方面，在精准脱贫中也反对拔高脱贫标准，坚持"两不愁三保障"的扶贫标准，不能将脱贫与致富混淆。

## （二）"五个一批"，精准施策

习近平总书记指出，"解决好'怎么扶'的问题。开对了'药方子'，才能拔掉'穷根子'。要按照贫困地区和贫困人口的具体情况，实施'五个一批'工程"。"五个一批"具体指发展生产脱贫一批、易地搬迁脱贫一批、生态补偿脱贫一批、发展教育脱贫一批、社会保障兜底一批。"五个一批"的核心是分类施策，针对不同致贫原因，采取不同措施；将开发式扶贫与保障式扶贫相结合，发挥多种扶贫措施的作用；同时，基于实践，不断总结新的经验，扶贫的方式也不断得到丰富和发展。

在实践中，"五个一批"被赋予了丰富的内容，包括以"三变"为主要内容的资产扶贫，以农民城镇化为主要内容的易地扶贫搬迁，以创设护林员岗位和发展林下经济为主要内容的生态扶贫，在精准扶贫中出现了大量创新的扶贫措施和扶贫手段。

山西省吕梁市聘用大量贫困群众为生态护林员，既增加群众收入又保证造林成活率。

### （三）注重成效，精准脱贫

脱贫攻坚的成效需要进行客观的评估和检验。党的十八大以来，形成了完整的扶贫考核、评估和退出机制。

在脱贫的考核和退出中，充分发挥贫困人群的主体性，对于贫困户和贫困村是否真的实现了脱贫、满足退出的条件，要得到群众的认可。制定了严格的退出标准，按照"两不愁三保障"的要求，切实做到贫困户稳定脱贫，贫困村和贫困县满足贫困退出的要求。为了保障脱贫的质量，从中央到地方，组织了多重的考核和验收，包括第三方评估、媒体监督和交叉检查，严格的监测评估程序为脱贫的真实性提供了保障。

## 三、目标瞄准的中国经验

精准扶贫是中国扶贫事业的伟大创举，得到了国际社会的认可。2018 年，第 73 届联合国大会通过关于消除农村贫困的决议，把中国倡导的"精准扶贫"理念与实践写入其中。联合国秘书长古特雷斯认为，精准扶贫方略是"帮助最贫困人口、实现 2030 年可持续发展议程中宏伟目标的唯一途径"。

从中国的贫困治理经验来看，扶贫的目标群体和标准随着社会经济发展而逐步扩大和提高，精准扶贫解决了"帮扶谁""谁帮扶""怎么帮""如何退"问题，精准扶贫是最终消除绝对贫困的唯一途径。中国的经验表明，首先，只有精准识别贫困对象才能有针对性地采取扶贫措施，而建档立卡是迄今为止最有效的瞄准机制。其次，扶贫的措施要有针对性，只有通过精准分析致贫原因，采取有针对性的措施，才能保障扶贫效果的精准。再次，广泛动员人力物力，集中最强的力量，才能帮助那些深度贫困的人口脱贫。最后，要有严格的考核、监督和评估机制，保证高质量的脱贫。

# 第五章

# 广泛动员　社会参与

中国扶贫由政府主导，同时社会广泛参与，形成了专项扶贫、行业扶贫与社会扶贫多种举措有机结合和互为支撑的"三位一体"大扶贫开发格局。社会扶贫是通过引入行政机制以外的扶贫机制，整合社会各界扶贫资源，拓展扶贫工作的规模和深度。

## 一、社会扶贫

在中国，扶危济困有着悠久的历史传统，伴随着中国政府开始大规模的农村扶贫，社会扶贫也得到了快速发展，党政军部门、企业和公益组织都广泛动员资源，投身到扶贫中。首先，中国的社会扶贫是个大扶贫的概念，其涵盖的范围更加广泛。其次，社会扶贫被纳入政府主导的大扶贫格局中，形成了扶贫的综合效果。

陕西省淳化县石桥镇大槐树村小学生在中国银行援建的图书馆进行美术教学活动。

## （一）公益组织扶贫

20世纪80年代以来，随着中国开始大规模实施专项扶贫，专注于扶贫的公益组织也迅速成长，一些国内的重要扶贫公益组织纷纷成立，如专注于贫困地区教育的中国青少年发展基金会，专注于综合措施扶贫的中国扶贫基金会等。这些机构通过向社会募集资金，在贫困地区实施了大量扶贫项目，以灵活多样的扶贫工作机制，先进的项目管理、监测以及评估经验，提高扶贫工作效率；一些境外公益组织在中国经济发展水平还比较低、扶贫资源投入不足的情况下，从境外动员了大量资源用于中国扶贫，这些境外公益组织在投入资金的同时，还将一些先进的扶贫理念，如社区发展、可持续生计等引入中国，并在中国培养了一些基层的公益组织，这些草根公益组织在农村基层从事最直接的扶贫工作，服务贫困群众。

随着公益组织数量和对扶贫投入的增长，公益组织在我国扶贫开发工作中扮演着越来越重要的角色，公益组织开展了多种多样的扶贫项目，成为政府主导的大扶贫格局的有机组成部分。有专家估算，从"八七扶贫攻坚计划"到2002年，公益组织在中国扶贫的贡献应在30%—33%之间。在实施精准扶贫战略以后，公益组织在扶贫中仍然发挥着重要作用，特别是在贫困地区农村教育和儿童健康领域，公益组织实施的一系列项目，提高了贫困地区农村教育质量，显著改善了贫困地区儿童健康水平。

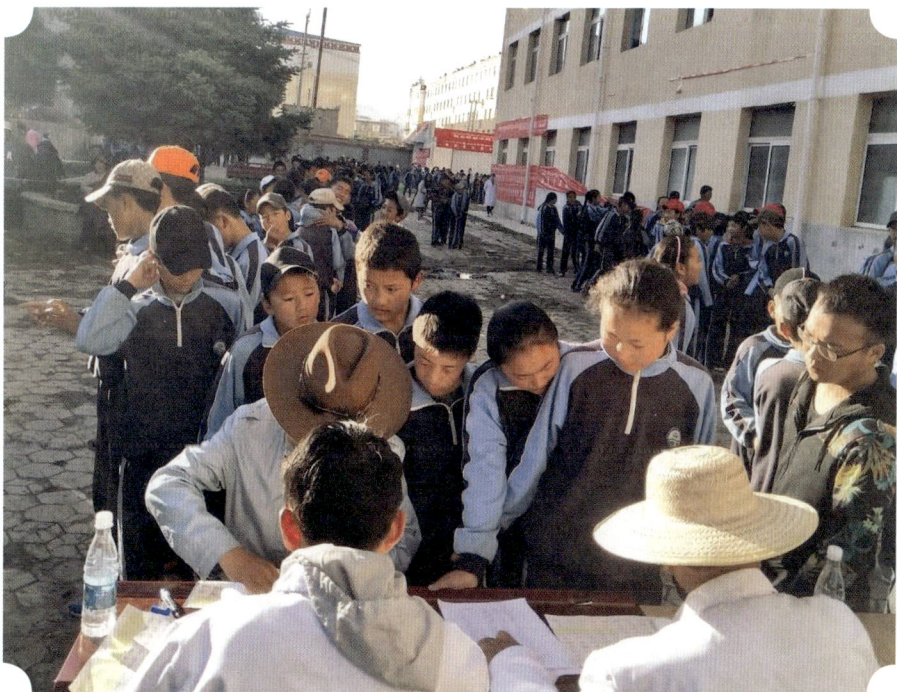

青海省同德县卫生工作人员在为藏族小学生开展传染病宣传教育。

## （二）定点扶贫

在中央的指导下，党政军机关和企事业单位也长期致力于扶贫开发事业。自 1987 年国务院召开第一次中央、国家机关定点扶贫工作会议以来，越来越多的党政军机关和企事业单位参与到定点扶贫中，发挥单位优势，帮扶贫困地区和贫困人口脱贫摘帽。定点扶贫发挥了帮扶单位的人才、信息和项目优势，向贫困地区派出专职干部，为贫困地区发展制定策略，有针对性地解决贫困地区的实际困难。截至 2019 年 6 月底，中央和国家机关赴各定点扶贫县考察共 42732 人次，其中主要负责同志 546 人次，负责同志 1344 人次。党的十八大以来，各个定点帮扶机构加大了帮扶的力度，增加了资金和人力的投入，取得了更明显的帮扶效果。

**典型案例**

### 定点扶贫典型案例

2017 年，中国科学院共投入资金 3220 万元，选派 4 名处级干部或研究员到定点帮扶地区挂职担任副县长，选派 1 名同志到贵州省水城县蟠龙镇院坝村担任驻村第一书记，针对定点帮扶地区的具体情况确定帮扶措施。

在内蒙古自治区库伦旗开展绿色农畜产品生产、荞麦加工、光伏智能温室设施农业和技术培训。中科院引进的荞泰生物科技有限公司研发生产荞麦速溶颗粒冲剂和荞麦花粉胶囊，建设年加工荞麦 3 万吨、生产产品 2 亿包的生产线，已开始试生产运行，生产荞麦速溶颗粒冲剂 5 万包；在扣河子五星村建立装机总容量 50 千瓦、年发电量 7 万度的户用式光伏发电 1

处，服务于 32 户贫困户实现稳定脱贫。

在广西壮族自治区环江毛南族自治县开展林下牧草种植、构树杂交和菜牛养殖，使贫困户每年人均增加纯收入 1000 元以上。

在贵州省水城县开展喀斯特石漠化综合治理和猕猴桃等特色适生经济作物种植，指导帮助水城县建成县级马铃薯繁育中心，组培车间 3000 平方米、大型育苗温室 6 间、种薯储藏库 2 个。举办科技培训专题讲座 6 次，共培训 600 余人次。2018 年建设玉舍镇木柯村马铃薯种薯示范基地 2950 亩。示范基地产量最高达 3.46 吨/亩，远高于对照地块产量的 1.5 吨/亩。

资料来源：《2018 年中国扶贫开发年鉴》，中国农业出版社 2019 年版，第 311—312 页。
赵婵娟：《翻山越岭送科技 心手相牵齐攻坚》，《乌蒙新报》2019 年 11 月 15 日。

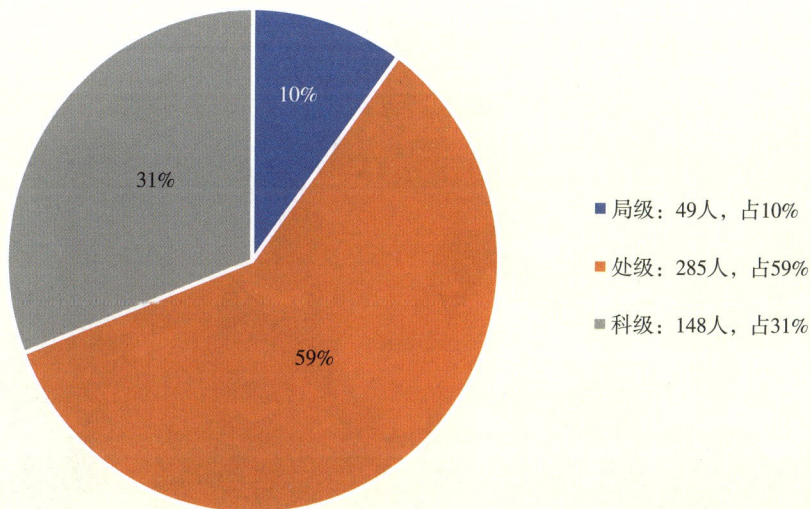

2019 年中央和国家机关定点扶贫干部职级

- 局级：49 人，占 10%
- 处级：285 人，占 59%
- 科级：148 人，占 31%

数据来源：国家乡村振兴局。

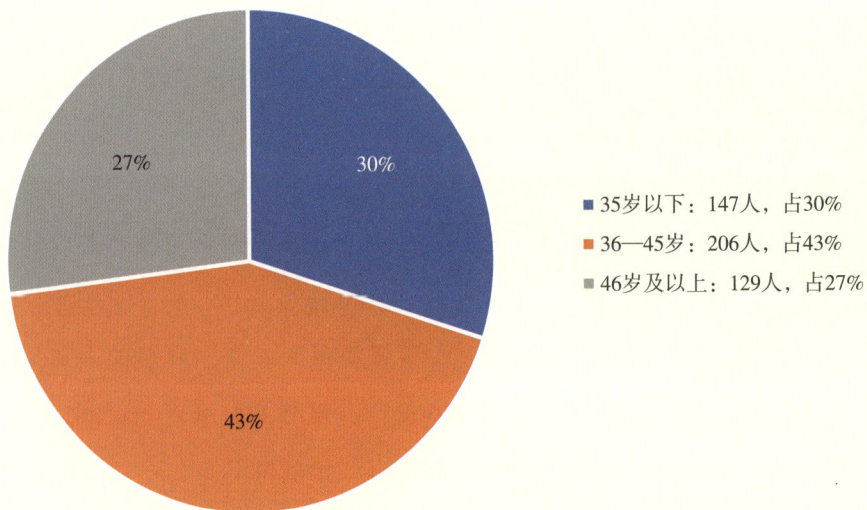

- 35岁以下：147人，占30%
- 36—45岁：206人，占43%
- 46岁及以上：129人，占27%

2019 年中央和国家机关定点扶贫干部年龄结构

数据来源：国家乡村振兴局。

湖北省卫生计生委带领医疗专家团队到驻点村开展义诊送药活动。图为专家服务队帮扶现场。

## （三）东西部协作扶贫

东西部协作扶贫是国家动员社会力量进行脱贫攻坚的又一项重要战略举措，具体是指东部发达省市根据党中央和国务院的要求对西部省区发展给予对口支持。2016 年中共中央办公厅、国务院办公厅印发《关于进一步加强东西部扶贫协作工作的指导意见》，要求在省际结对帮扶的基础上，对西部地区的民族自治州和贫困程度深的市州全覆盖。国务院扶贫开发领导小组随后制定了《东西部扶贫协作考核办法（试行）》，东西部扶贫协作受到了高度重视，东部地区从资金支持、产业发展、干部交流、人员培训及劳动力转移就业等方面投入资源，积极支持西部贫困地区发展，西部贫困地区利用东部地区支持的资金，加快脱贫。东西协作不仅推动西部地区的减贫工作，而且实现东西部优势互补和经济协作，对于缩小地区差异，加强区域间的交流，协调区域发展，起到了积极作用。

深圳市宝安区为广西河池市大化县捐建的水柜。

典型案例

## 闽宁合作模式

"三西"地区贫困程度深、贫困面大,历来是脱贫攻坚的主战场,党中央、国务院一直高度重视,从政策、资金、项目等方面给予了重点支持和倾斜。1996年,中央部署东西部扶贫协作工作,安排福建省对口帮扶宁夏回族自治区。闽宁两省区历届党委、政府始终坚持习近平总书记当年提出的"优势互补、互惠互利、长期合作、共同发展"原则,双方建立联席推进、结对帮扶、产业带动、互学互助、社会参与的扶贫协作机制,开展了形式多样的交流协作,创造了"闽宁模式",成为东西部扶贫协作的成功典范,当时习近平总书记提议以福建、宁夏两省区简称命名的移民开发区——闽宁镇,从干沙滩变成了金沙滩。习近平总书记在2016年7月召开的银川会议上给予充分肯定并指出,"闽宁协作是东西部扶贫协作和对口支援的一个生动例子"。

资料来源:《对十三届全国人大二次会议第7763号建议的答复》,2019年12月29日,见 http://www.cpad.gov.cn/art/2019/12/19/art_2202_108666.html。

## (四)企业扶贫

企业在脱贫攻坚中发挥着不可或缺的作用。2009年,国务院扶贫开发领导小组办公室组织召开了多个企业参与扶贫开发相关的政策研讨会,支持企业参与扶贫开发的各项政策和举措逐步在全国推行,企业参与扶贫开发工作渐次在全国铺开。党的十八大以来,企业扶贫的规模和深度进一步拓展。2015 年 10 月，中华全国工商业联合会、国务院扶贫开发领导小组办公室等联合启动"万企帮万村"精准扶贫行动，广大民营企业响应号召踊跃投身到脱贫攻坚中来，在贫困户增加就业、发展产业、转变观念和获取市场优势等方面发挥了巨大作用。据"万企帮万村"精准扶贫行动论坛的消息，截至 2019 年 6 月底，参与"万企帮万村"精准扶贫行动的民营企业达到 8.81 万家，精准帮扶 10.27 万个村（其中建档立卡贫困村 5.53 万个），产业投入 753.71 亿元，公益投入 139.1 亿元，安置就业 66.15 万人，技能培训 94.1 万人，共带动和惠及 1163 万建档立卡贫困人口。

在中国的扶贫中有各种社会力量的积极参与，不仅有公益组织，还有企事业单位和政府部门，以及发达地区的地方政府。此外，军队、民主党派、个人都投身到扶贫的行动中，从而使扶贫成为全社会的行动。

## 二、社会扶贫的实践创新

在中国的扶贫实践中，社会扶贫扩大了扶贫资源，发扬了社会扶贫的优势，创新了扶贫措施，引入了市场机制，形成了良好的社会风气，在中国扶贫中发挥了不可替代的作用。

### （一）扩大了扶贫资源

中国扶贫之所以能够取得巨大成就，增加扶贫投入是一个重要原因，在过去四十余年的扶贫实践中，不仅来自政府财政的扶贫资金在大量增加，社会扶贫资金同样在增加。比如，截至 2018 年底，中国扶贫基金会累计筹集资金和物资共计 58.52 亿元，受益贫困人口和灾区民众 3342.37 万人次。承担定点帮扶和东西部协作的机构也加强了扶贫的力度，特别是有针对性地开展消费扶贫，对贫困地区农副产品销售、增加贫困户收入发挥了积极作用。

近年来，河北省张家口市万全区把消费扶贫作为扶贫切入点和突破口，积极探索"电商企业＋农业合作社＋贫困户＋消费扶贫"的模式。目前，万全区已形成以鲜食玉米种植加工、燕麦加工、错季蔬菜种植为主的消费扶贫产业体系，构建起县乡村三级电商平台，有效促进农户增收。图为一名主播在河北省张家口市万全区电子商务公共服务中心内推介农产品。（新华社记者　牟宇摄）

## （二）发挥了社会扶贫优势

发挥社会帮扶机构优势，创新扶贫机制是社会帮扶的重要特点。

不同的机构有着不同的优势，发挥这些优势就能够更好地扶贫，比如贫困妇女和儿童发展对于贫困家庭的脱贫具有特别重要的意义，一些专注贫困妇女发展的机构实施扶贫项目，支持贫困妇女通过发展手工艺增加收入，为贫困妇女提供有针对性的健康教育和健康服务；关注儿童教育和健康经验的机构在贫困地区支持贫困家庭改善儿童的教育

新冠肺炎疫情期间，"公益中国"发起助力抗疫活动，帮助咸阳北四县缓解苹果滞销。

和健康状况。增加贫困人群就业是东部发达地区政府和企业的优势，许多经济发达地区和企业都通过定向的招工为贫困地区提供就业机会。在精准扶贫时期，更多的机构参与了社会扶贫工作，丰富了中国的扶贫经验，比如电商企业大力推动贫困地区电商发展，将贫困地区的农副产品销售出去，实现资源优势变成经济优势；期货和证券机构推动贫困地区发展期货市场和资本市场。由于具有专业背景的机构进入，许多新的扶贫方式被发展出来，社会扶贫发挥了政府扶贫无法替代的作用。

**典型案例**

### "母亲水窖"项目走进甘肃省静宁县

"良好的用水方式可以预防疾病。煮开的水不能存放太久，时间长了可能被重新污染，喝水的杯子不要直接从容器里舀水……"2014年4月9日，静宁县灵芝乡车李村村部里，县妇联负责人正在对100多名妇女姐妹开展饮水知识和个人卫生保健知识培训。

负责培训的县妇联工作人员小马说，对农村妇女开展饮水安全与卫生知识培训是百事"母亲水窖"项目的一项重要内容。2013年，静宁县"母亲水窖"项目共投资65.23万元，实施集中供水设施升级改造、饮水安全知识培训和学校饮水安全设施建设，彻底解决3乡6村及1所学校的饮水不安全问题，项目受益人口达1.4万人。

资料来源：中国妇女发展基金会网站，见 https://www.cwdf.org.cn/index.php? m=content &c=index&a=show&catid=29&id=2994。

### （三）扶贫的观念不断更新

在社会扶贫中，有许多创新和试验性的扶贫观念和方法，通过扶贫项目不断得到完善，并对全国的扶贫产生积极的影响。以金融扶贫为例，在金融扶贫中影响较大的小额信贷扶贫，最初由公益组织引入中国扶贫领域，在不断试验和完善的基础上，被正规金融机构所接受，成为金融扶贫的重要手段。参与式的扶贫观念也是在社会扶贫中最先被推广，并被政府的扶贫规划所接受。在精准扶贫中，社会扶贫也产生了许多创新的扶贫模式，其中最为典型的是资产扶贫。贫困人群之所以贫困，重要的原因之一就是他们没有资产收入，而在精准扶贫中产生了许多资产扶贫的方式，如牲畜托管的资产扶贫方式，贫困户的奶牛等牲畜交由公司统一托管，贫困农户从公司获得固定的收益，这一方面解决了农户分散养殖成本高、经营风险大的问题，同时保障了贫困户有稳定的收益。

### （四）企业参与扶贫推动了贫困户进入市场

发展产业是贫困地区发展和农户脱贫的最根本措施，推动贫困地区产业发展也是政府扶贫的重要内容。但是政府不是市场主体，尽管政府通过政策性投入可以支持贫困地区和贫困户的产业发展，但是政府不能代替市场主体的作用。在贫困地区发展中，企业的扶贫具有特殊的意义，一方面企业通过捐赠的方式，为扶贫提供资金，但是比资金捐助更重要的是企业能够推动贫困地区产业发展，增加贫困地区农民就业。越来越多的企业进入到中西部贫困农村地区，发展特色种植和养殖，开发乡村旅游，推动了贫困地区和贫困户进入市场。

## （五）社会扶贫在全社会创造了扶危济困的社会风气

社会扶贫的最大特点是广泛的参与性，政府机构、企事业单位、军队和民主党派等各方机构，在社会扶贫中纷纷贡献力量，形成了全国扶贫的氛围。科技工作者向贫困地区输送实用技术，青年学生到贫困地区支持农村教育，企业家捐赠资金支持贫困地区发展，在扶贫中出现了许多先进的典型，成为人们学习的榜样。总之，广泛参与的社会扶贫使社会各界了解了扶贫，支持了扶贫。

### 典型人物

### 李 保 国

李保国，男，1958 年 2 月出生，2016 年 4 月 10 日逝世。中共党员，生前为河北农业大学林学院教授、博士生导师。

李保国同志 30 多年来，每年深入基层 200 多天，让 140万亩荒山披绿，带领 10 万农民甩掉"穷帽子"。他坚持扶贫先扶志、扶贫必扶智，把课堂搬到山间地头，把脱贫攻坚当成崇高事业，把为贫困群众办实事作为不懈追求。他先后出版专著 5 部，发表学术论文 100 余篇，完成山区开发研究成果 28 项，推广了 36 项林业技术，示范推广总面积 1080 万亩，累计应用面积 1826 万亩，累计增加农业产值 35 亿元，纯增收 28.5 亿元，建立了太行山板栗集约栽培、优质无公害苹果栽培、绿色核桃栽培等技术体系，培育出多个全国知名品牌，走出了一条经济社会生态效益同步提升的扶贫新路，被村民誉为"太行山上的新愚公"，为脱贫攻坚作出了突出贡献，堪称打赢脱贫攻坚战的模范。2016 年，人力资源和社会保障部、国务院扶贫开发领导小组办公室追授李保国同志"全国脱贫攻坚模范"荣誉称号。2018 年 12 月 18 日，党中央、国务院授予李保国同志改革先锋称号，颁授改革先锋奖章。

资料来源：国家乡村振兴局官方网站，见 http://fpzg.cpad.gov.cn/429463/429472/429659/index.html。

李保国给农民现场授课，把"论文"写在田间地头。

# 三、中国社会扶贫的特点

社会扶贫具有鲜明的中国特色，在政府主导的大扶贫格局中，社会扶贫与专项扶贫和行业扶贫相互配合，共同发挥了扶贫的作用。随着中国社会经济发展，社会扶贫的力量也在不断成长。

第一，社会扶贫纳入政府主导的大扶贫格局中。政府制定的扶贫规划为社会扶贫确定了行动的方向，在政府主导的大扶贫格局中，党政军部门、企业和社会组织等各方发挥各自的资源优势，针对贫困地区和贫困户致贫原因实施帮扶，并形成合力，推动贫困地区的发展。

第二，社会动员更加广泛。在许多西方国家，社会扶贫仅仅限于公益组织的扶贫，但是中国由于进入市场经济的时间还比较短，公益组织的发展还比较弱，在这种背景下，中国的社会扶贫动员了更多的力量参与。企业被充分动员起来，不仅国有大中型企业承担了扶贫的任务，许多民营企业也投身到扶贫的行动中。政府机构、各种事业单位和社会组织也被动员参与扶贫。许多政府机构在扶贫中发挥了双重作用，一方面作为行业扶贫的主管单位，通过相关的行业政策推动贫困地区和贫困户

曾经日趋"空心化"的河北省保定市涞水县南峪村借助中国扶贫基金会和中国三星联合启动"美丽乡村——三星分享村庄"产业扶贫项目，盘活乡村资源，成立农宅旅游农民专业合作社，使昔日的贫困村成了"网红打卡村"。图为南峪村党支部书记段春亭（右）向民宿管家了解情况。（新华社记者　王晓摄）

的发展，另一方面，利用自有的资源，如部门自有资金、干部职工的个人捐赠，帮助定点帮扶的贫困地区解决问题。

第三，社会扶贫的创新精神更强。社会扶贫需要创新扶贫方式才能有效地解决贫困问题，中国在四十余年减贫实践中，创新了一系列的扶贫方式。社会扶贫的创新性产生了巨大的示范效应，使中国的减贫经验更加丰富多彩。

# 第六章

# 培育动力　增强能力

减贫不仅要增加贫困人口的收入，更重要的是提升贫困人口的内生发展动力。在脱贫攻坚的过程中，中国政府采取了宣传教育、培训、产业引领、能人带动等不同的赋能措施，有效增强了贫困人口的内生发展动力和能力。这不仅为高质量打赢脱贫攻坚战奠定了坚实基础，也有利于实现脱贫效果的可持续性。未来应更加注重营造益贫平台和氛围，为贫困人口创造人生出彩的机会。

## 一、扶贫需要激发内生动力

贫困人口的内生发展动力和能力是其摆脱贫困的先决条件，充分了解贫困地区和人口内生动力和能力的重要作用，内生发展动力和能力不足的类型、原因和内在逻辑是摆脱贫困、完善贫困治理的重要基础。

新中国成立到改革开放前，中国的扶贫方式一直强调自力更生的基本原则，着力解决绝大多数贫困人口的物质匮乏和基本生存问题，但是在大规模扶贫初期，也存在着救济式或输血式扶贫的问题。随着开发式扶贫的持续推进，中国政府逐渐认识到，仅仅依靠外部资金、项目和技术的输入难以从根本上消除贫困，要从根本上实现脱贫和可持续发展，必须调动贫困人口主动发展的积极性，提高他们自我发展的能力，这是实现贫困地区稳定、可持续脱贫的重要保障。

内生发展动力和能力不足的贫困人口可以大致分为三类：第一类主要以无劳动能力或仅有部分劳动能力的贫困人口为主。他们也希望通过自身的努力改变贫困现状，但是他们或者身患疾病，或者年老体衰，通过自身的努力改变贫困现状非常困难。这类人群要提升内生动力，主要是通过政策让他们能够获得最基本的生活保障，在此基础上，积极参与社会生活，改善生活质量。第二类主要以低文化水平和缺少就业技能的贫困人口为主，他们不掌握实用技术，同时由于受教育水平低，很少了解外界的信息，这使他们无论是外出打工还是在家从事农业，都面临许

开展电商实操培训班。

多困难，久而久之，就会安于现状。对于这些人，就需要提升他们的技能，并且帮助他们找到增加收入、能够脱贫的门路。第三类主要以缺乏进取精神和改变现状意愿的贫困人口为主。由于我们的扶贫政策有的时候单纯强调要帮助贫困户，一些贫困人口便养成了"等靠要"的思想，甚至有人不愿意脱贫，因为脱贫意味着他们要依靠自己的努力，这远远不如政府的救济和社会的捐赠更有保障，因此一些贫困户不仅安于贫困，而且以贫困为荣。对于这样的贫困户不仅要帮助他们找到脱贫的方法，激励他们发挥自身的优势，同时也需要在社会上树立劳动脱贫光荣的正确观念。

## 二、激发内生动力的重要举措

党的十八大以来，中国政府采取了诸多增强贫困地区可持续发展以及贫困人口内生动力和能力的重要举措，主要包括以下方面：第一，在政策导向上，强化开发式扶贫理念；第二，依托乡土资源，进行产业脱贫；第三，培育致富带头人，增强社区互动互助；第四，建立健全基础设施，营造有利的外部条件；第五，发展教育培训，打破贫困代际传递。

### （一）宣传自力更生、授人以渔、扶贫扶志的开发式扶贫理念

在 21 世纪初开始实行的第一个十年扶贫开发计划中，中国政府明确提出了包括发展产业和提升人力资本的扶贫策略，聚焦于贫困村集体和

贫困户个体的发展动力和能力。

　　党的十八大以来，习近平总书记在多个场合提出激发贫困群众脱贫内生动力的重要性，多项政策举措也以激发贫困人口内生动力为核心。2016年11月印发的《"十三五"脱贫攻坚规划》将"坚持激发群众内生动力活力"作为脱贫攻坚必须

新华社发　朱慧卿　作

扶贫先扶态，人勤百业兴。

遵循的一项原则。2018年6月出台的《中共中央、国务院关于打赢脱贫攻坚战三年行动的指导意见》以激发贫困人口内生动力为指导思想，并将开展扶贫扶志行动列入十项到村到户到人精准帮扶的举措之一。2018年10月，《关于开展扶贫扶志行动的意见》则从各个方面提出了具体措施。

📖 **文件解读**

**《中共中央、国务院关于打赢脱贫攻坚战**
**三年行动的指导意见》**

　　中共中央、国务院将加大产业扶贫力度、全力推进就业扶贫、深入推动易地扶贫搬迁、加强生态扶贫、着力实施教育脱贫攻坚行动、深入实施健康扶贫工程、加快推进农村危房改造、强化综合保障性扶贫、开展贫困残疾人脱贫行动、开展扶贫扶志行动列为十项到村到户到人精准帮扶举措。

在脱贫攻坚的过程中，中国政府注重创新，激发脱贫内生动力，将帮扶理念转变为"输血"和"造血"并重，帮助贫困地区的群众树立主动克服贫困的精神和信念。通过讲习所、宣讲会等宣传自力更生、扶贫扶志等以激发和培育内生动力和能力为导向的脱贫政策，是中国特色脱贫攻坚实践的重要内容。

贵州省毕节市黔西县甘棠镇金星村脱贫攻坚流动讲习所内，宣讲活动正在举行。

## （二）依托贫困地区的乡土资源，发展包容性强的农村特色产业

中国的贫困人口多数分布在偏远的山区、民族地区和革命老区，这些地区虽然经济发展水平较为低下，但是自然资源丰富，具有特色产业发展的潜力。特色产业是贫困地区长期稳定脱贫和发展的保证，特色产品、特色产业与贫困地区的乡土知识相结合可以直接产生稳定的经济效

益和社会效益。

中国政府建立农村社区、地方政府和商业资本共同联合的开发利用机制，积极对乡土知识与乡土产品进行认证，除了常规的"地理标志产品"认证、"非物质文化遗产"认证、有利于自然资源保护的可持续经营认证等，还专门组织了扶贫产品认证。通过有效认证提高了乡土资源和知识给贫困人口带来的实惠和效益，促进了脱贫发展的包容性和持续性。

习近平总书记特别强调产业发展的"特色"，指出"欠发达地区抓发展，更要立足资源禀赋和产业基础，做好特色文章"。发展特色产业，要立足本乡本土的资源，立足包括贫困人口在内的当地农民，找准特色产品，在推动贫困地区具有乡土特色的产业发展过程中，一方面能够提高贫困人口对乡土资源的熟悉程度，另一方面也能激发他们的自信心和自豪感，进而激发贫困人口的内生动力，培育他们的发展能力。

竹篾编织艺人在溢水镇扶贫车间"上班"。

## （三）培育当地致富带头人，加强社区内部的互动互助

在脱贫攻坚的阶段性任务完成后，如何形成一支内生的、乡土的、永久性的扶贫力量成为需要重点考虑的现实问题。习近平总书记指出，"要培养农村致富带头人，促进乡村本土人才回流，打造一支'不走的扶贫工作队'"。培育当地的致富带头人是实现贫困群众稳定脱贫的重要举措。

乡村致富带头人一般都是从事本地先进生产经营活动的典型代表，他们所从事的行业大多代表着本地经济发展的方向，关键在于找到或培育出乡村中极为稀缺的能够规划、经营产业的致富带头人。2015 年《中共中央、国务院关于打赢脱贫攻坚战的决定》最早提出要大力实施贫困地区人才支持计划以及贫困地区本土人才培养计划。2018 年《关于培育贫困村创业致富带头人的指导意见》明确了对致富带头人选拔、培训、管理方面的重要举措。

贫困地区的致富带头人能够对周围贫困人口发挥积极的辐射、示范和带动作用，不仅减贫、带贫的成效显著，同时有利于改善贫困群众消极被动的思想状态、激发贫困群众的奋斗意志和劳动热情。因此，需要建立和完善创业致富带头人带贫益贫的工作机制，这不仅要注重鼓励和扶持有能力的创业致富带头人，对他们的项目实施融资担保、保险优惠等方面的激励补贴政策，更要注重在社区内营造致富光荣的社会氛围，关心贫困人口的同时也要关心致富带头人。

**典型案例**

### 2018 年全国脱贫攻坚奋进奖获得者孟征

孟征，男，汉族，45 岁，中共党员，现任山东省邹城市宏伟电子商务服务中心总经理，先后荣获"全省十佳自强模范""山东省残疾人电商创业十大标兵"等荣誉称号。2001 年，孟征同志因意外车祸高位截瘫，四处求医背负十几万元债务，妻子也弃他而去。敢于同命运抗争的他没有低头，回到东山头村创业，经历多次挫折后，2007 年他与当地养殖户合作，尝试网上销售牛羊。创业之初，他每天趴在床上用双肘支撑上网，双肘由最初的痛肿化脓，到现在结成一层厚厚老茧。凭着惊人毅力，他当年销售了 1200 只羊和 690 头牛，获纯利 1.2 万元，次年网上销售牛羊 5 万多头。2010 年，孟征创建了大型牛羊驴养殖调拨基地，带动 2000 多农户发展养殖，数千人做起牛羊生意。他积极传帮带，先后招收十几名残疾人，组建邹城残疾人电商团队，帮助他们依靠电商脱贫致富。他创造了"公司＋农户"的农村畜牧业电子商务发展模式，全镇电商牛羊年销售额 12 亿元，带动 1000 余人实现脱贫。

资料来源：国家乡村振兴局官方网站，见 http://fpzg.cpad.gov.cn/429463/429472/429660/430277/index.html。

### （四）完善乡村基础设施和基本公共服务体系，为贫困人口发展营造外部支撑

乡村基础设施不健全和基本公共服务缺失会限制贫困地区的自主发展空间，影响贫困人口自我发展的机会和能力。因此，公共服务供给的

数量和质量对贫困地区和贫困人口的发展至关重要。

　　党的十八大以来，国家通过出台专项扶贫、行业扶贫政策，加大扶贫资金支持、增加公共服务供给的力度，大力推进交通基础设施建设、水利基础设施建设、电力网络建设、信息基础设施建设和教育文化卫生设施等方面的民生工程。新改建农村公路110万公里，新增铁路里程3.5万公里。贫困地区农网供电可靠率达到99%，大电网覆盖范围内贫困村通动力电比例达到100%，贫困村通光纤和4G比例均超过98%。

中国联通四川分公司在帮助四川省凉山彝族自治州昭觉县悬崖村实现通信网络覆盖，为村民打通信息路。

　　实施精准扶贫以来，国家对贫困地区基础设施的投入和建设，基本实现了生存型公共服务全覆盖、发展型公共服务的覆盖率持续增加，不仅提高了贫困地区人口抵御风险的能力，而且使得贫困地区自身发展的脆弱性大大下降，这均为贫困人口提供了更多的发展机会。比如，近几年高速移动互联网的覆盖与道路建设为贫困地区的农产品外运、资源优势转化为经济优势奠定了基础。

"装备齐全"的魏宝玉在直播销售小杂粮。

**2013—2018 年贫困地区农村基础设施和公共服务情况（单位：%）**

| 指　　标 | 2013 年 | 2014 年 | 2015 年 | 2016 年 | 2017 年 | 2018 年 |
|---|---|---|---|---|---|---|
| 所在自然村通公路的农户比重 | 97.8 | 99.1 | 99.7 | 99.8 | 99.9 | 100 |
| 所在自然村通电话的农户比重 | 98.3 | 99.2 | 99.7 | 99.9 | 99.8 | 99.9 |
| 所在自然村能接受有线电视信号的农户比重 | 79.6 | 88.7 | 92.2 | 94.4 | 96.9 | 98.3 |
| 所在自然村进村主干道硬化的农户比重 | 88.9 | 90.8 | 94.1 | 96.0 | 97.6 | 98.3 |
| 所在自然村能乘坐公共汽车的农户比重 | 56.1 | 58.5 | 60.9 | 63.9 | 67.5 | 71.6 |

续表

| 指　　　标 | 2013 年 | 2014 年 | 2015 年 | 2016 年 | 2017 年 | 2018 年 |
|---|---|---|---|---|---|---|
| 所在自然村通宽带的农户比重 | — | — | 71.8 | 79.8 | 87.4 | 94.4 |
| 所在自然村垃圾能集中处理的农户比重 | 29.9 | 35.2 | 43.3 | 50.9 | 61.4 | 78.9 |
| 所在自然村有卫生站的农户比重 | 84.4 | 86.8 | 90.4 | 91.4 | 92.2 | 93.2 |
| 所在自然村上幼儿园便利的农户比重 | 71.4 | 74.5 | 76.1 | 79.7 | 84.7 | 87.1 |
| 所在自然村上小学便利的农户比重 | 79.8 | 81.2 | 81.7 | 84.9 | 88.0 | 89.8 |

数据来源:《2019 年中国农村贫困监测报告》。

## （五）重视贫困地区教育发展，打破贫困代际传递

教育扶贫是通过提高贫困群体中受教育人群的数量和质量，激发农村贫困人口的积极性、培育他们的劳动技能，为他们提供可持续发展的平台和基础，着力激发贫困群众发展生产、脱贫致富的内在动力。

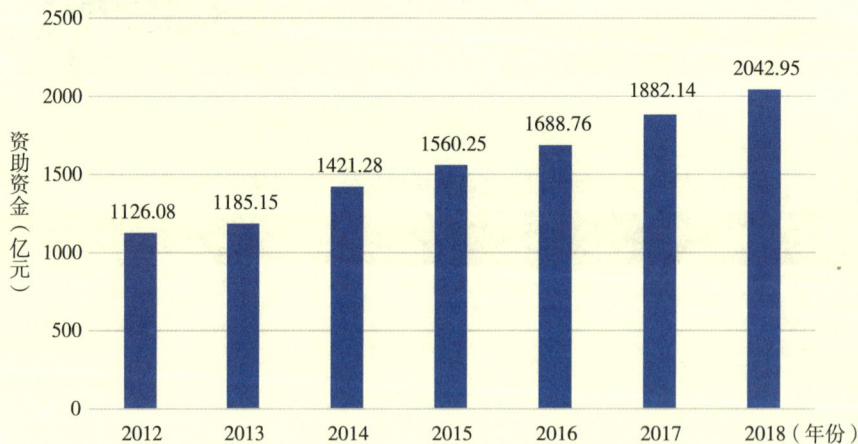

2012—2018 年我国学生资助金额

数据来源：国家乡村振兴局。

通过"学前学会普通话"行动，彝族幼儿不仅能听会说普通话，性格也更活泼外向了。

天津市援派教师在甘肃省甘南州职业教育培训班进行实操课程教学。

党的十八大以来，从几个方面培养农民的发展动力和能力。第一，进一步优化助学结构，保证资助政策的可持续性，既防止教育返贫，又能保障贫困家庭学生享受教育福利。第二，加大对深度贫困地区的教育经费投入，扩大教育规模，面向深度贫困地区的人群宣传义务教育的重要性，让适龄儿童全面接受义务教育。第三，在贫困地区职业技能的教育培养方面，积极发挥县域职业教育学校对贫困村和贫困劳动力的辐射带动作用，强化对深度贫困地区劳动力的技能培训。第四，大力推广普通话，增强交流沟通能力。

## 三、经验与启示

第一，激发内生发展动力和能力是一个长期过程，需要做好队伍建设。贫困人口内生发展动力和能力的形成过程不是一蹴而就的，需要循

2018年10月17日，在全国第五个"扶贫日"期间，广西宁明县委宣传部帮扶干部深入挂点帮扶的那楠乡古优村开展"访贫夜话"恳谈会。

序渐进。因此做好贫困人口的思想工作，引导他们转变思想观念也是长期工作，这需要一支一心为民的脱贫攻坚干部队伍，走进贫困户家中做工作，敞开心扉去交流。

第二，以激发贫困人口内生动力和能力作为反贫困治理的落脚点。将提升贫困地区和贫困人口的内生发展动力和能力作为反贫困治理，能够在实现有效脱贫的基础上降低返贫概率。贫困人口也是扶贫参与对象，他们自身的思想观念、个体能力和扶贫参与方式需要得到重视。

第三，为培育内生动力努力营造特定的益贫平台和氛围。贫困村和贫困人口在发展空间和机会受到抑制的情况下，内生动力和能力的培育更需要益贫性经济发展环境。益贫性增长注重贫困人口经济增长的同时还注重改善分配的不平等。在反贫困治理的过程中也应注意经济发展与公平的关系，为贫困人口创造良好的平台和氛围。

第四，优先发展贫困地区职业教育，提升贫困人口在劳动力市场的参与能力。未来扶贫政策需要将农村劳动力，特别是贫困人口的教育和培训放在突出位置，把促进贫困人口就业作为提升他们内生发展动力和能力的主要路径。

# 第七章

# 增加投入　加强监管

　　扶贫需要真金白银的投入。多年来，国家不断加大对减贫事业的资金投入，特别是财政扶贫资金不断增加，同时拓宽资金来源，充分动员各级政府增加扶贫投入。在扶贫实践中，通过优化政策设计，转变资金投入方式以提高扶贫资金的投入使用效率。加强扶贫资金的监管，保障扶贫资金真正用在扶贫上，防止扶贫资金的跑冒滴漏。党的十八大以来实施精准扶贫方略，扶贫资金的增长明显加快，各项财政资金整合使用，为脱贫攻坚提供了坚实保障，确保了扶贫任务的顺利完成。

## 一、增加投入　精准扶持

　　从 1980 年开始，国家设立支援经济不发达地区发展资金，当年支出规模 5 亿元，重点支持老革命根据地、民族地区、边远地区、贫困地区的农业、乡镇企业、基础设施和文教卫生事业的发展。随着经济社会发展和贫困特征的阶段性变化，扶贫资金的投入不断增加，使用及监管体系不断发展完善，实现了从"大水漫灌"式粗放投入到"精准滴灌"式精细投入的转变。

第一，扶贫资金规模从小到大。随着国家经济实力和财政能力的不断提高，党和国家对减贫事业的重视程度日渐增强，扶贫资金的规模不断扩大。"八七扶贫攻坚"时期，7 年累计财政扶贫资金 532 亿元，到第一个扶贫开发规划期间，10 年累计财政扶贫资金 1440 亿元。习近平总书记多次强调加大财政对扶贫开发支持力度的重要性，指出"增加投入是保障"。从 2012 年至 2020 年，中央财政专项扶贫资金投入规模持续增长，累计投入 6601 亿元。

2012—2019 年中央财政专项扶贫资金投入情况

| 年　份 | 资金投入（亿元） |
| --- | --- |
| 2012 | 332 |
| 2013 | 394 |
| 2014 | 433 |
| 2015 | 461 |
| 2016 | 661 |
| 2017 | 861 |
| 2018 | 1061 |
| 2019 | 1261 |

第二，扶贫资金来源从"单一化"到"多样化"。最初的扶贫资金，仅仅依靠"单一化"的财政资金。精准扶贫以来，通过财政手段引导、带动"多样化"的金融和社会资金投入，逐渐形成了由财政扶贫资金、扶贫信贷资金、农民和农村小企业入社和村民入组缴纳的资金、社会捐赠资金以及海外援助和馈赠资金等组成的多元化扶贫资金结构。财政扶

江苏省工作人员为农户宣传并办理扶贫小额贷款。

中国农业发展银行推出易地扶贫搬迁金融债，积极支持甘肃省古浪县黄花滩扶贫搬迁项目建设，3912户建档立卡贫困户搬入新居。图为搬迁后的新居。

贫资金在增长，但是扶贫贷款的数额更大，比如支持贫困农户发展生产的小额信贷，打响脱贫攻坚战以来，扶贫小额贷款累计发放7100多亿元。此外，包括公益组织、海外援助机构、东部发达地区和许多企业都对贫困地区投入了大量资金。在长期的扶贫实践中，一些新的扶贫筹资手段被创新出来，比如扶贫债券就是发行以扶贫为目标的政府债券，筹集资金支持扶贫，特别是将边远山区的贫困人口搬迁出来的易地扶贫搬迁需要大量资金，扶贫债券就提供了直接的资金支持。

## 📖 关键概念

### 扶贫专项金融债

　　扶贫专项金融债是中国人民银行新推出的债券品种，通过在银行间市场发行债券筹集易地扶贫搬迁信贷资金，是一项重要的制度创新。2016年4月1日下午，中国农业发展银行通过银行间债券市场尝试发行100亿元扶贫专项金融债，发行期分别为3年期和5年期，金额分别为30亿元和70亿元，发行利率分别为2.63%和2.98%。认购扶贫专项金融债是对扶贫事业的支持，是勇于承担社会责任的重要体现。

　　资料来源：《农发行成功发行100亿元扶贫专项金融债》，2016年4月1日，见 http://www.adbc.com.cn/n5/n17/c17228/content.html。

　　第三，扶贫资金功能由"输血式救助"到"造血式开发"。在扶贫工作开展初期，扶贫资金主要发挥"输血式"基本生活救助功能，直接发放给生活困难的贫困群体，对贫困人口的基本生活提供了有效保障，但这种投入方式很难保证脱贫成效的长期性。从20世纪80年代开始，

国家投入大量资金进行公路建设。

中国强调开发式扶贫，增加贫困户和贫困地区的"造血"机能，扶贫资金主要投入到产业开发和基础设施建设，以及对贫困户的技能培训上。党的十八大以来，党和国家因户施策，并加大对贫困地区基础设施建设和公共服务供给，创新了扶贫方式，除了传统的产业发展和基础设施建设以外，还投入了更多资金支持贫困户改善教育和医疗，提升贫困户的内生动力。通过精准的扶贫资金投入，贫困地区和贫困户自我发展、自我改善的能力得到有效提升。

　　财政部门加大就业扶贫资金投入力度，为建档立卡贫困劳动力进行精准扶贫技能培训。图为贫困户在参与电工职业技能培训。

　　扶贫资金支持四川省阿坝州产业发展。图为贫困户种植的高山玫瑰已经成为小金县的"致富花"。

## 二、精准投入　提高效率

党的十八大以来，我国扶贫资金的投入与使用逐渐向更加科学、可持续的方向迈进。从投入方式、投入方向及领域、地区分配等方面变得更加精准，并取得了明显成效。

第一，扶贫资金投入方式发生了多方面的积极变化，主要体现在如下方面。其一，不断支持开发式扶贫。扶贫资金形成了良性循环，带动了贫困地区和贫困人口的自我发展能力。其二，中央扶贫资金及时下拨。原来由于资金拨付不及时，会出现实施项目的时候资金没有到位，资金到位又没有时间实施项目的现象，现在中央财政专项扶贫资金基本能够确保在上一年末分配下达到省，提高了资金使用时效性。其三，取消地方扶贫资金配套。过去中央政府下达扶贫资金，需要地方政府提供配套资金，贫困地区没有钱做配套，影响了中央扶贫资金的使用。中央财政补助项目往往因为贫困地区配套能力不足导致部分项目难以落地，通过逐步取消中央转移支付对地方资金配套的要求，提高了地方扶贫项目的落地率。其四，统筹整合涉农资金。过去各项涉农的财政资金缺少整合，扶贫资金帮助贫困户发展了生产，但是却没有资金修建道路；修通了道路却没有水利设施，这都影响了扶贫资金发挥作用。针对包含扶贫资金在内的涉农资金投入管理方面存在的部门化、碎片化现象，党和国家高度重视，积极推动相关体制机制改革，促进了扶贫资金的依规整合，有效扩大了涉农资金的使用效益。

第二，扶贫资金投入方式和领域逐步精准化。从资金投入方向看，瞄准方向正在集中。2000年以来，扶贫资金投入的基本瞄准单位从贫

农业生产
发展资金

水利发展资金

林业改革
发展资金

中央财政专项
扶贫资金

贫困县

农田建设
补助资金

**统筹整合使用财政涉农资金**

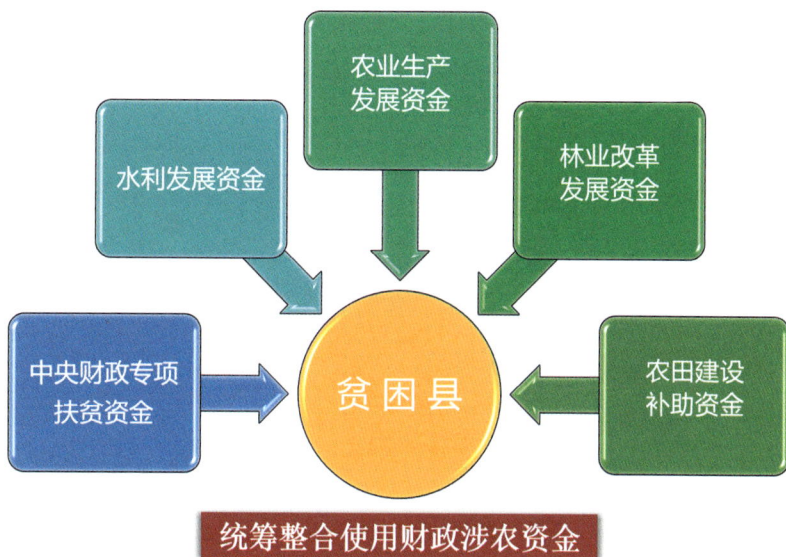

## 2019年上半年
## 全国贫困县整合相关涉农资金2343亿元
记者8月29日从财政部了解到

截至2019年6月底

全国832个贫困县
计划整合2019年各类相关涉农资金
2749亿元

实际整合资金2343亿元
占计划整合资金规模的85%

已完成支出1129亿元
占实际整合资金规模的48%

2019年上半年全国涉农资金投向进一步优化
用于农业生产发展方向 476亿元 占已完成支出的42%
用于农村基础设施建设方向 585亿元 占52%
用于其他方向 68亿元 占6%

新华社发（边纪红制图）

2016—2019年，全国832个贫困县试点统筹整合涉农资金。

困地区逐步缩小到贫困县、贫困村、贫困家庭、贫困人口，资金投入逐步精准化。每一次缩小瞄准单位，都会使得中央财政扶贫资金、信贷扶贫资金等向贫困瞄准单位倾斜。从资金投入领域看，扶贫资金投入结构正在调整。党的十八大以来，党和国家逐步破除贫困地区经济、社会发展的限制因素，通过加大对贫困地区道路交通、网络、电力等基础设施的建设力度，为生产力发展创造了良好的外部条件；通过加大对贫困地区医疗卫生投入，解决了因病致贫返贫问题；通过加大对贫困地区基础教育及劳动力技能培训投入，增加了贫困人口的就业机会；通过加大对贫困地区的住房保障投入并为居住环境恶劣的贫困人口实施易地扶贫搬迁，从根本上改变了他们的生产与发展环境。这一系列资金投入领域的结构性调整，提高了贫困人口的自我发展能力，增强了减贫效果的可持续性。

## 数说医保扶贫成效

**保障到位，基本医疗应保尽保**
**（截至2019年底）**

全国基本医保参保人数**135436**万人　　农村贫困人口参保率**99.99%**以上

基本医保参保率**95%**以上　　"三区三州"等深度贫困地区参保率达**100%**

**因病致贫返贫人口大幅减少**
**（截至2018年底）**

因病致贫返贫人口从2014年的**2850**万人，减少至**514.6**万人，降幅达**82%**

2018年"三区三州"因病致贫人口较上年减少**16.3**万人

其他深度贫困地区因病致贫人口较上年减少**109.3**万人

通过加大对贫困地区医疗卫生投入，解决了因病致贫返贫问题。

数据来源：国家乡村振兴局。

第三，扶贫资金投入的地区分布更加科学合理。受到地理位置和自然环境的影响，我国贫困分布呈现出较为明显的区域性特征，大致而言，贫困地区多分布于我国中西部地区。与此相应，中央财政扶贫资金投入也呈现出向中西部倾斜的地区特征。财政专项扶贫资金按照贫困县集中程度以及贫困人口数量及比例等指标被科学合理地分配到各个地区。2019 年总计约 1261 亿元的中央财政专项扶贫资金，其中分配到东部地区共 83.57 亿元，约占资金总额的比例不到 7%；分配到中部地区共 298.6 亿元，约占资金总额的近 24%；分配到西部地区共 878.8 亿元，约占资金总额的比例近 70%。其中，云南、新疆、甘肃、贵州等贫困较为集中的省份，中央财政扶贫资金分配额度均超过 100 亿元。

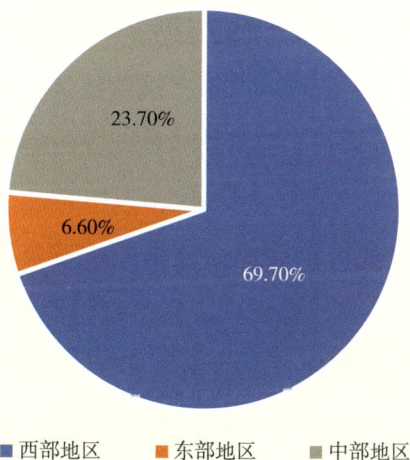

2019 年中央财政专项扶贫资金各省份分配情况

数据来源：国家乡村振兴局。

第四，扶贫资金投入使用的精准度显著提升。在扶贫瞄准单位的精准度显著提升的同时，扶贫资金投入使用的精准度也在不断提高。这种精准度的提升与几个因素有关。首先，党的十八大以来，在贫困县的确定和贫困户的识别方面提高了精准性，同时贫困县退出机制与识别机制相互配合，有效防止了扶贫资金使用的偏差。其次，在"五个一批"的基础上，充分考虑贫困地区差别，能够有效防止扶贫资金使用效率的降低。最后，根据不同贫困户的困难和需求，一户一策地制定帮扶措施，同时施以严格的管控，保证扶贫资金无偏差地用于解决贫困户的需求。

## 三、党的十八大以来扶贫资金的监管

打赢脱贫攻坚战不仅需要不断加大对贫困地区的资金投入力度，更需要对扶贫资金的投入及使用加强监管，切实提高扶贫资金的使用效率。党的十八大以来，党和国家日益重视对扶贫资金的监管，保障了减贫工作的顺利进行。扶贫资金监管体系的建立与完善，主要体现在以下方面。

第一，以精准脱贫为核心建立健全了扶贫资金监管体系。首先，这一体系的特点是全方位、多层次、全流程，能够覆盖扶贫资金事前、事中、事后监管，充分发挥各类监督主体的职能并为群众参与提供了畅通渠道。其次，以《中华人民共和国预算法》为基础，日益健全的法律法规为扶贫资金的监管提供了强有力的依据与保障。最后，各级政府建立了由各相关部门参与的综合监管机制。其中不仅有扶贫部门的内部监管，更包括了审计、纪检监察、民主党派以及群众等多主体的监督。总之，这一监管体系能够使得扶贫资金的减贫功能得到最大化发挥。

河南省西平县嫘祖镇吕店村扶贫资产一律公告公示。图为 2020 年的公示。

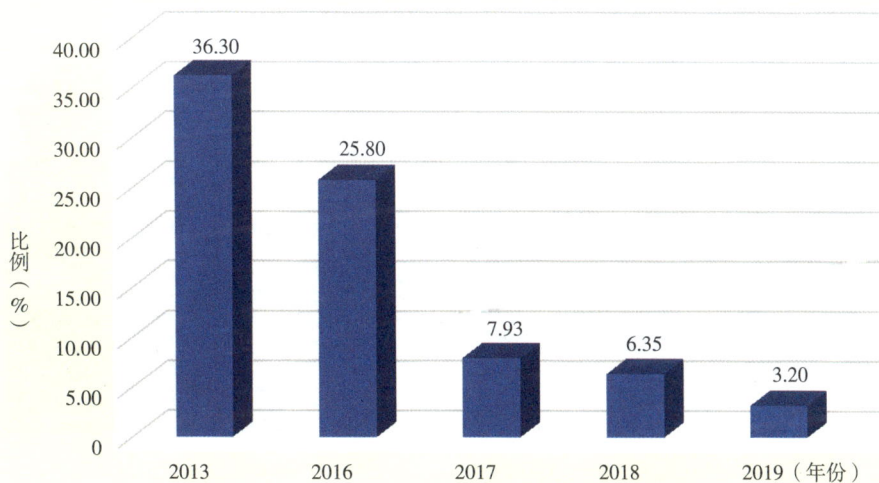

2013—2019 年扶贫审计查出问题金额占抽查资金比例

数据来源：国家乡村振兴局。

第二，扶贫资金监管体系的效能更加精准。建立健全功能完备的扶贫资金监管体系，需要扶贫资金监管体系的各个组成部分精准发挥监管效能。首先，扶贫资金投入使用的法治性显著提高。其次，扶贫审计的效能更加精准。最后，监管体系的全流程化保障了整体效能升级。总之，党的十八大以来，对扶贫资金的监管做到了精准化、常态化、制度化。

第三，强化扶贫资金监管体系的现代化建设。我国扶贫资金监管体系日益健全，与党和政府不断推进扶贫资金监管体系的现代化建设密不可分。首先，党和政府修订了相关资金管理和考核办法。针对脱贫攻坚形势的新变化和新问题，修订了相关资金管理和考核办法，提高其科学性和有效性。其次，实施了一系列专项治理行动。党和政府通过一系列

福建省宁德市把查处扶贫领域违纪违规问题作为2016年纪律审查的重点工作来抓，启动2016年度专项督查工作，严肃查处扶贫领域虚报冒领、截留私分、挥霍浪费等违纪违规问题，整治侵害群众利益的不正之风和腐败问题。图为古田县纪检监察干部对水口镇嵩溪村的农村公厕改造进行核查验收。（新华社记者 魏培全摄）

专项治理行动，对扶贫领域内出现的资金管理不到位等现象进行了整改，优化了资金使用和监管流程。最后，在监管过程中全面引进了新技术，运用了新手段。

## 四、经验与启示

党和国家将精准扶贫方略贯彻到扶贫资金投入使用和监管的各个环节，实现了扶贫资金投入使用的理论创新和制度创新，有利于增强扶贫资金的可持续性，建立面向未来的精准化扶贫资金投入体系，为世界贡献扶贫资金投入使用的中国经验。

第一，扶贫资金投入使用的理论创新。习近平总书记充分阐释了扶贫资金对打赢脱贫攻坚战的重要性，提出要加大财政对扶贫开发工作的投入力度，扶贫资金投入要与打赢脱贫攻坚战的要求相匹配。习近平总书记提出精准扶贫思想中内含"六个精准"要求，其中有"资金使用精准"，这为扶贫资金精准投入提供了强有力的理论支撑。习近平总书记提出"阳光扶贫、廉洁扶贫"的要求对于解决扶贫资金监管领域的难题具有重要的指导意义。

### 📖 文件解读

**《财政部门财政扶贫资金违规管理责任追究办法》**

2019年，财政部明确了扶贫资金管理中十类违规情况将被追责。财政部指出，有以下情形之一的，应对相关财政部门及其工作人员实施责任追究。1. 以弄虚作假手段骗取、套取财政扶贫资金的；2. 无故延迟拨付财政扶贫资金造成扶贫资金闲置的；3. 贪污、挪用财政扶贫资金的；4. 违反规定擅自改变财政扶贫资金使用计划、方式的；5. 在招投标或者政府采购活动中弄虚作假谋取私利或不符合相关规定的；6. 伪造、变造、销毁有关账簿表册凭证的；7. 未按规定执行扶贫资金项目公告公示制度的；8. 在财政扶贫资金管理中未按照规定执行财政扶贫资金相关政策和标准的；9. 在履行财政扶贫资金管理监督职责过程中滥用职权谋取私利的；10. 其他违反规定使用财政扶贫资金的行为。

第二，扶贫资金投入使用的制度创新。首先，党和政府创造了多渠道、多元化的资金投入模式，为打赢脱贫攻坚战提供了有力的资金保障。其次，取消中央财政扶贫资金对县及县以下的资金配套要求，缓解了贫困地区的财政压力。再次，加强扶贫资金的阳光化管理，有效提升了扶贫资金投入使用的透明度，各级各类监管主体均能获得充分信息。最后，运用新技术新手段推动扶贫资金投入使用的制度创新。党和政府充分运用现代信息技术推进扶贫资金投入使用的大数据平台建设，为加速相关制度创新提供了有力的技术条件。

# 第八章

# 监测评估　精准脱贫

监测评估制度是中国减贫得以顺利实施的保障，也构成了中国特色减贫道路的重要内容。中国扶贫脱贫的监测评估制度不断演变和完善，对扶贫成效的监测评估经历了从单一收入指标到以"两不愁三保障"为主要内容的精准脱贫监测评估；对党政领导干部监测评估经历了从以GDP为主转向脱贫实绩监测评估；监测评估体系经历了从单一式、独立式到全程式、参与式的转变。通过展示减贫监测评估制度的设计与阶段性变化，能够让我们更好地认识中国特色减贫道路的实践探索和来龙去脉。

## 一、中国减贫监测评估制度的演变历程

党的十八大以前，扶贫资源主要投放在国家重点贫困县，对扶贫重点县的监测评估决定了贫困县的进入和退出。党的十八大以来，严格实行贫困县、贫困村和贫困户的退出机制，监测评估覆盖了全部的贫困

县、贫困村和贫困户，形成了多层次、全方位的监测评估体系。

第一阶段（1978—1993 年），单一收入维度下贫困县监测评估。这一阶段，以绝对收入为监测评估标准、以县的扶贫开发成效为监测评估目标，成为中国扶贫开发和减贫监测评估机制的重要特点。这体现在 1986 年，国务院贫困地区经济开发领导小组首次以绝对收入的标准确定国家贫困县，即按照全县农村人口年人均收入低于 150 元、对少数民族自治县标准放宽的原则，将 331 个贫困县列入国家重点扶持范围。1992 年，根据绝对收入的动态监测，首次对贫困县进行评估调整，体现为"一退一进"，使年人均纯收入超过 700 元的县退出国家级贫困县序列，并将年人均纯收入低于 400 元的县，全部纳入国家级贫困县序列。

第二阶段（1994—2000 年），多重指标衡量的贫困县监测评估。这一阶段，基于多维度和多指标等测度标准，国务院扶贫开发领导小组对国家级贫困县进行了新一轮评估和调整。1994 年，根据"631 指数法"在全国确定了 592 个县（旗、市）为国家级贫困县进行重点扶持。

### 📖 关键概念

#### "631 指数法"

贫困人口（占全国比例）占 60% 权重（其中绝对贫困人口与低收入人口各占 80% 与 20% 比例）；农民人均纯收入较低的县数（占全国的比例）占 30% 权重；人均 GDP 低的县数、人均财政收入低的县数占 10% 权重。其中人均低收入以 1300 元为标准，老区、少数民族边疆地区以 1500 元为标准，人均 GDP 以 2700 元为标准，人均财政收入以 120 元为标准。

第三阶段（2001—2012 年），贫困村、贫困县和集中连片特困地区监测评估。这一阶段有两个标志性事件，第一，2001 年，《中国农村扶贫开发纲要（2001—2010 年）》出台，国务院扶贫开发领导小组办公室在全国确定了 15 万个贫困村作为整村推进的典型。第二，2011 年，《中国农村扶贫开发纲要（2011—2020 年）》实施，开始建立贫困村发展奖惩机制并将连片特殊困难地区作为扶贫主战场，将全国划为 14 个集中连片特困地区，共涵盖 689 个县（市、区），并建立了片区发展规划和扶贫监测评估机制。

| "指挥棒"：<br>聚焦目标标准，贯彻精准方略 | 树立鲜明正确导向，把思想认识统一到习近平总书记重要指示批示精神和中央脱贫攻坚决策部署上，把力量凝聚到完成脱贫攻坚目标任务上，把工作聚焦到深化精准扶贫精准脱贫上。 |
| --- | --- |
| "质检仪"：<br>检验攻坚成色，保障脱贫质量 | 公正客观反映脱贫攻坚进展情况，查找影响脱贫质量的突出问题和薄弱环节，检查政策措施落实的质量和成色，把"严"和"实"的要求贯穿脱贫攻坚全过程、各环节。 |
| "推进器"：<br>压实攻坚责任，推动政策落实 | 引导各地按照中央确定的时间节点，有节奏、有步骤、高质量有序推进脱贫攻坚，有效纠正脱贫退出"急躁症""拖延症"等问题。 |
| "温度计"：<br>提高帮扶实效，增进群众认可 | 感知贫困群众对脱贫攻坚政策的满意度、获得感，调整优化脱贫攻坚帮扶措施，确保脱贫结果社会认可、老百姓认账，经得起实践和人民的检验。 |

考核评估的重要作用。

第四阶段（2013—2020 年），全面小康背景下的精准扶贫成效考核与评估。自精准扶贫方略实施以来，确定了通过加强扶贫开发工作和减贫成效监测评估的顶层设计，对地方党委和政府进行扶贫考核。通过不断创新并完善年度扶贫开发成效考核、财政专项扶贫资金绩效考核，建立了新时期减贫成效考核体系和贫困户、贫困村、贫困县的退出评估机制，形成了科学完整合理的减贫考核评估机制体系。

## 二、中国脱贫攻坚考核评估的创新探索

2013 年以来，中国特色社会主义减贫道路的考核评估制度进行了诸多创新探索，主要体现在：对省级党委和政府扶贫开发工作的成效考核、对贫困县退出进行专项考核评估、对中央国家部委（定点帮扶）和省际（东西协作）帮扶机制进行考核评估、扶贫领域专项考核评估监督巡查、脱贫攻坚普查五个方面。其中，2018 年以来，将省级党委和政府扶贫开发工作成效考核、东西部扶贫协作考核和中央定点单位扶贫工作考核三项考核统筹整合为"2018 年脱贫攻坚成效考核"。

2018 年脱贫攻坚成效考核

| 考核对象 | 内容指标 | 方式方法 | 分析评价 | 结果运用 |
|---|---|---|---|---|
| 中西部22省区市党委政府 | 减贫成效 | 省际交叉考核 | 自查总结 | 通报表扬 |
| 承担东西部扶贫协作任务的东部9个省市、13个城市和中西部14个省区市、20个市州 | 扶贫资金 | 第三方评估 | 年终总结 | 资金奖励 |
| | 精准识别 | 媒体暗访 | 平时工作情况 | 约谈 |
| | 东西协作 | 扶贫资金绩效评价 | | 问责 |
| 288家中央定点扶贫单位 | 精准帮扶 | 东西部扶贫协作综合评议 | | 整改 |
| | 定点扶贫 | 定点扶贫分类评价 | | |

## （一）对省级党委和政府扶贫开发工作的成效考核

这是中国减贫考核评估中常规和基本的考核评估制度之一。从 2015

年到 2018 年，由中国国务院扶贫开发领导小组组织，每年度对中西部 22 个省（自治区、直辖市）党委和政府的扶贫开发工作成效进行考核。考核的方式有三种：交叉考核、第三方评估和媒体暗访，通过这三种方式的考核进行综合评比、年度排名。2018 年，东西部扶贫协作考核和中央单位定点扶贫工作考核也合并入内，整合为"2018 年脱贫攻坚成效考核"。

第一，交叉考核。通过组织扶贫政策出台和落实部门等专业人员组成考核组，利用部门座谈、查阅资料、入户走访、干部座谈等方式，对各级党委政府的责任落实、政策落实、工作落实、贫困人口识别率、脱贫人口退出精准率、群众满意度进行多方面的考核评估。不同区域省份之间进行交叉考核，采取省县情况交流、基层座谈访谈、政策项目核查、入户调查核实相结合的方式组织实施。

2020 年 12 月，陕西省赴内蒙古交叉考核组在内蒙古扎鲁特旗开展入户调查。图为考核现场。

第二，第三方评估。通过独立设计扶贫评估指标体系、评估内容和机制，以科学合理的考核评估方法形成客观公正的评估结论。第三方评估检查以抽样调查、重点抽查、村组普查、座谈访谈相结合的方法进行，按照科学抽样要求，对建档立卡户和未建档立卡户分层抽样，对贫困县内偏远、人均收入水平靠后的乡村进行重点抽查，同时关注未纳入建档立卡的低保户、危房户、重病户、残疾人户等群体。

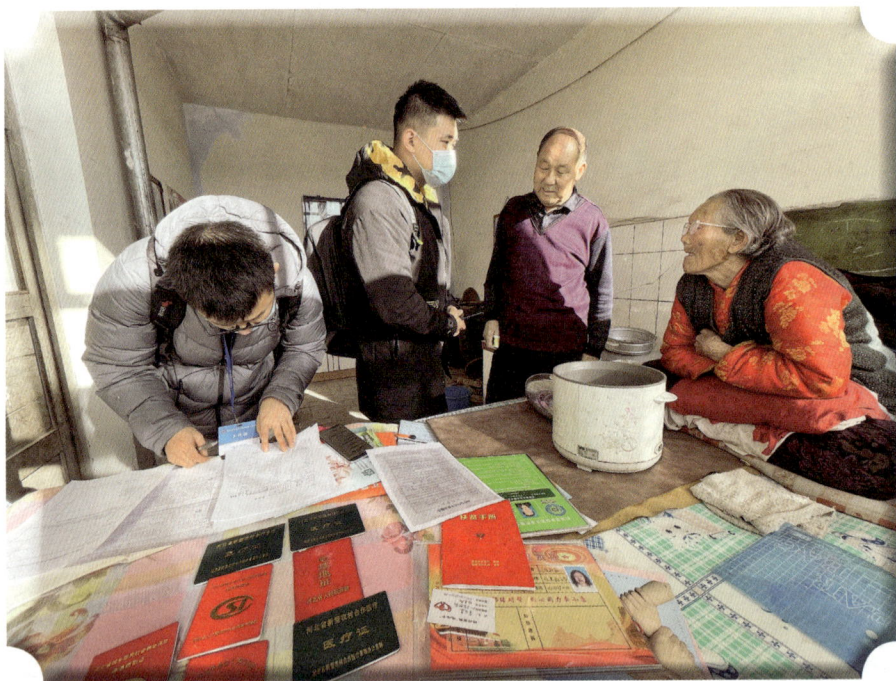

东北农业大学组成的第三方评估队员在河北省阳原县开展入户评估工作。图为入户调查现场。

第三，媒体暗访。媒体暗访是新闻媒体发挥自身舆论监督功能的体现，这一方式通过直接排查扶贫问题，能够完善当前的考核评估方式，有效弥补其他考核方式的不足。在扶贫考核评估过程中增加媒体暗访考核环节，能够在最大程度上确保考核评估结果真实可靠，推进扶贫工作的有效示范。

## （二）对贫困县退出的专项考核评估

这是中国减贫考核评估中影响最大也是最严格的考核评估，贫困县退出评估的结果将很大程度上影响贫困县能否"摘帽"。2017 年，中国国务院扶贫开发领导小组办公室出台《贫困县退出专项评估检查实施办法（试行）》，对全国 832 个国家扶贫开发工作重点县和集中连片特困地区县进行退出专项评估。贫困县退出专项评估检查按照县级提出、省级报告审核、实地评估检查、综合评议及结果运用等步骤进行，采取第三方评估的方式。

贫困县退出的专项考核评估的标准和具体内容指标为"三率一度"，其中"三率"为退出县综合贫困发生率、贫困人口错退率、贫困人口漏评率，"一度"为群众认可度。

贫困县退出专项评估指标内容

| 评估指标 | | 评估标准 | 计算公式 |
|---|---|---|---|
| 主要指标 | 综合贫困发生率 | 中部地区低于 2%，西部地区低于 3% | 综合贫困发生率，指建档立卡未脱贫人口、错退人口、漏评人口三项之和，占申请退出贫困县的农业户籍人口的比重 |
| 参考指标 | 贫困人口错退率 | 低于 2% | 脱贫人口错退率，指抽样错退人口数占抽样脱贫人口数的比重 |
| | 贫困人口漏评率 | 低于 2% | 贫困人口漏评率，指调查核实的漏评人口数占抽查村未建档立卡农业户籍人口的比重 |
| | 群众认可度 | 原则上应达到 90% | 群众认可度，指认可人数占调查总人数的比重 |

综合贫困发生率主要考核退出县的贫困状况、减贫成效。贫困人口错退率主要考核贫困人口的脱贫增收状况、"两不愁三保障"落实情况。贫困人口漏评率主要考核贫困人口的识别精准度、是否做到贫困群体应纳尽纳。群众认可度主要考核群众对整体发展变化情况、脱贫攻坚成

效、基础设施公共服务改善、帮扶效果等的满意程度。

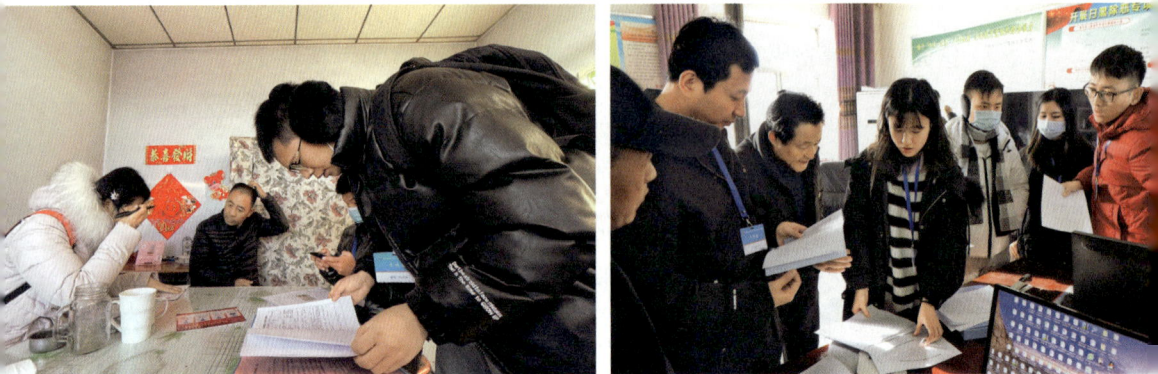

第三方机构正在进行实地评估检查。图左为宁夏大学组成的第三方评估组在内蒙古四子王旗开展实地评估工作。图右为西南大学组成的第三方评估组在宁夏沙坡头区开展实地评估检查。（刘洪涛摄）

## （三）定点帮扶和东西协作的考核评估

这是中国减贫最具特色的减贫制度，也是中国特色社会主义减贫道路制度优势和政治优势体现最鲜明的特点。从 20 世纪末期开始，中国为消除区域发展差异，探索实施了中央单位定点帮扶和东西区域协作帮扶机制，对促进贫困地区脱贫发展提供了强有力的资源保障。为考核评估帮扶机制的政策落实和减贫效果，从 2017 年开始，中国开始对帮扶机制进行考核评估。

定点帮扶机制考核评估内容指标分为六个方面，一是帮扶成效，主要考核帮助定点扶贫县完成脱贫攻坚任务情况，加大对深度贫困地区帮扶情况（定点扶贫县属深度贫困地区）。二是组织领导，主要考核中央单位对定点扶贫工作重视程度、部署推动落实定点扶贫工作情况。三是选派干部，主要考核中央单位向定点扶贫县选派挂职扶贫干部和第一书记等方面的情况。四是督促检查，主要考核中央单位督促检查定点扶贫县党委政府承担脱贫攻坚主体责任、落实政策措施和加强资金项目管理等方面的情况。五是基层满意情况，主要考核定点扶贫县、乡镇、村三级干部群众对中央单位帮扶工作和挂职干部工作的满意情况。六是工作创新，主要考核中央单位发挥自身优势，开展精准帮扶、创新帮扶方式、总结宣传经验典型、动员社会力量参与等方面的情况。

东西协作机制考核评估内容指标采取东西双向考核方式，对东部地区而言，重点考核组织领导、人才支援、资金支持、产业合作、劳务协作、携手奔小康行动等六个方面内容，考核向深度贫困地区倾斜支持情况。对西部地区而言，重点考核组织领导、人才交流、资金使用、产业合作、劳务协作、携手奔小康行动等六个方面内容。

### （四）扶贫领域专项考核评估监督巡查

扶贫领域专项考核评估监督巡察主要包括扶贫督查巡查、专项巡视和民主党派监督三种方式。

第一，督查巡查。自 2016 年开始，每年由国务院扶贫开发领导小组各成员单位组成督查巡查组，对签订脱贫攻坚责任书的中西部 22 个省（自治区、直辖市）进行巡查。督查巡查工作围绕实施精准扶贫基本方略，主要采取实地调研、暗访抽查、受理举报等方式。督查巡查的重点内容包括：脱贫攻坚责任落实情况、专项规划和重大政策落实情况、减贫任务完成情况、特困群体脱贫情况及财政涉农资金整合等情况。

第二，专项巡视。2018 年，中央首次对脱贫攻坚开展专项巡视，通过对地方政府、中央部委和国有企事业单位开展扶贫主题专项巡视，深入查找脱贫攻坚中具有普遍性、倾向性的问题。

国务院扶贫开发领导小组组织有关成员单位进行脱贫攻坚督查巡查。图左为国务院扶贫开发领导小组脱贫攻坚督查巡查组到黑龙江督查巡查。图右为国务院扶贫开发领导小组脱贫攻坚督查巡查组到山西督查巡查。

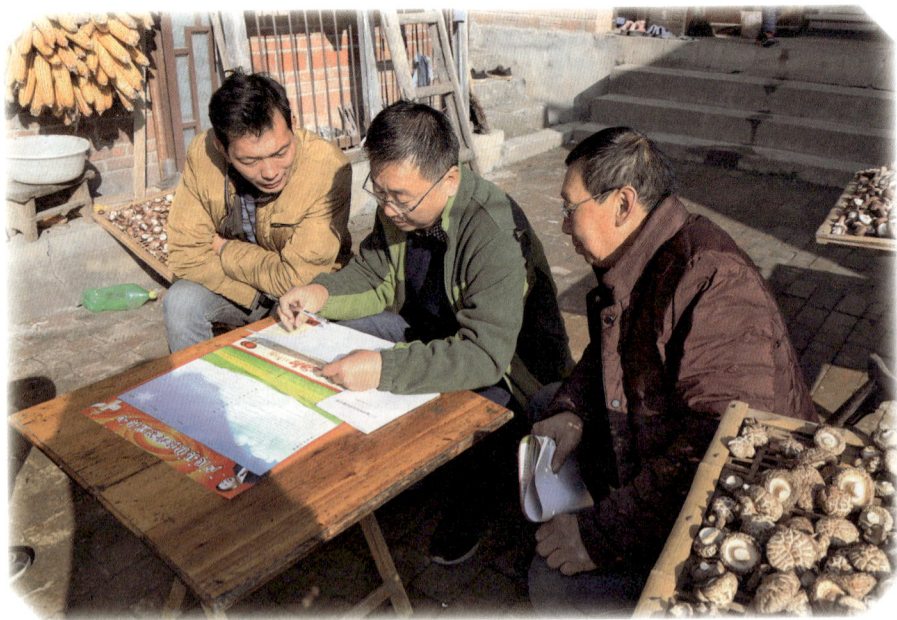

河南省三门峡市卢氏县组织干部集中开展"大排查、大走访、大调研"活动，以作风攻坚促脱贫攻坚。图为入户调研现场。

第三，民主党派监督。党的十八大以来，民主党派通过深入贫困地区、贫困群众中开展调查研究，了解中央关于脱贫攻坚的决策部署落实情况，及时发现问题，帮助地方政府更好地完成任务，推动政策落实。

## （五）脱贫攻坚普查

这是新中国成立以来首次为解决贫困问题开展的专项普查。习近平总书记指出，从 2020 年下半年开始，国家要组织开展脱贫攻坚普查。开展脱贫攻坚普查，一方面是为了全面审视脱贫攻坚成效，不仅看贫困县是否实现脱贫"摘帽"，还要看是否筑牢了贫困人口脱贫的基础；另一方面是为了及早发现脱贫攻坚过程中隐藏的问题困难，精准掌握直接影响脱贫攻坚目标任务实现的问题和长期需要解决的问题。

### 文件解读

**《国务院办公厅关于开展国家脱贫攻坚普查的通知》**

《国务院办公厅关于开展国家脱贫攻坚普查的通知》（国办发〔2020〕7 号）于 2020 年 6 月 29 日发布，定于 2020 年至 2021 年初开展国家脱贫攻坚普查，普查对象为 832 个国家扶贫开发重点县和集中连片特困地区县，享受片区政策的新疆维吾尔自治区阿克苏地区 7 个市县，以及在中西部 22 个省（区、市）抽取的部分其他县的全部行政村和全部建档立卡户。

# 三、中国减贫考核评估的经验启示

第一，实施了最严格且全过程的监测评估制度，保障了脱贫攻坚成效的真实性。党的十八大以来，中国实行了最严格的精准扶贫监测评估制度，监测评估贯穿脱贫攻坚全过程，提高了精准性。通过对精准识别、帮扶和脱贫进行全过程的考核评估，确保了扶贫工作务实、减贫过程扎实、脱贫结果真实。

第二，不断拓展监测评估内容，完善监测评估方式方法。为了应对脱贫攻坚新进展、新形势和新要求，脱贫攻坚的监测评估制度也在不断完善。同时，坚持底线思维，坚持"三落实"和"两不愁三保障"的标准，引导基层始终坚持脱贫目标、现行脱贫标准不偏离。

第三，构建科学合理的监测评估指标，并注重监测评估结果的有效运用，发挥其指挥棒作用。通过科学运用扶贫减贫监测评估结果，一是改变了地方政府唯 GDP 政绩论，二是建立了扶贫开发的奖惩机制，三是落实了问题整改任务。

第四，监测评估实践的探索创新，具有借鉴性和示范性。中国扶贫成效考核评估实践为世界各国开展减贫评估提供了经验遵循。中国的扶贫成效考核评估具有覆盖范围广、专业性和独立性强、考核指标科学全面且符合实际的特点。对于世界各国有重要的借鉴性和参考性。

# 第九章

# 脱贫攻坚　全面发展

历经四十余年的扶贫，特别是党的十八大以来实施精准扶贫战略，中国减贫取得了历史性的成就。农村贫困人口大幅度下降，并在 2020 年底最终实现贫困县、贫困村和贫困户的全部退出；贫困地区基础设施得到改善，交通通信发展迅速；农村公共服务全面加强，医疗、卫生事业覆盖了全体贫困人口；贫困地区的社会治理得到完善，村级组织和集体经济实力增强。精准扶贫精准脱贫成功地实现了千百年来中国农民摆脱贫困的梦想，为乡村振兴、实现百年目标奠定了基础。

## 一、减贫效果明显

农村贫困一直是中国社会治理中的一大难题。尽管中华人民共和国成立以来，伴随着中国的农业生产水平提高，农民的生活有所改善，但是长期的城乡发展失衡导致的农村贫困问题仍然很严重。在农村改革开始的 1978 年，大部分农村人口处于贫困状态，如果按照 1978 年的贫困标准，当年有超过 30% 的农民年收入低于 100 元，甚至不能维持简单的生存，如果按照 2010 年的标准，超过 97% 的农村人口都处于贫困状态。

在四十余年的扶贫实践中，通过改善农村贫困地区基础设施，支持贫困户发展产业，向贫困户提供职业培训并帮助他们外出务工，贫困人口的收入得到提高，到 2000 年"八七扶贫攻坚"结束的时候，农村贫困人口下降到 3200 万，贫困发生率为 3.5%。2008 年国家提高了农村贫困线，把更多的贫困人口纳入政府帮扶的人群中，到 2010 年完成《中国农村扶贫开发纲要（2001—2010 年)》的时候，按照新的标准，农村贫困人口仅剩下 2600 多万，贫困发生率 2.8%。2010 年，中国政府再次大幅度提高了农村贫困线，按照新的贫困线，2011 年的贫困人口超过 1.2 亿。党的十八大以后，仍然有超过 8000 万的贫困人口。通过实施精准扶贫和精准脱贫战略，截至 2019 年底，全国农村贫困人口仅剩下 551 万，主要分布在一些深度贫困地区，贫困发生率降到 0.6%。

2012—2019 年贫困人口脱贫情况

数据来源：国家乡村振兴局。

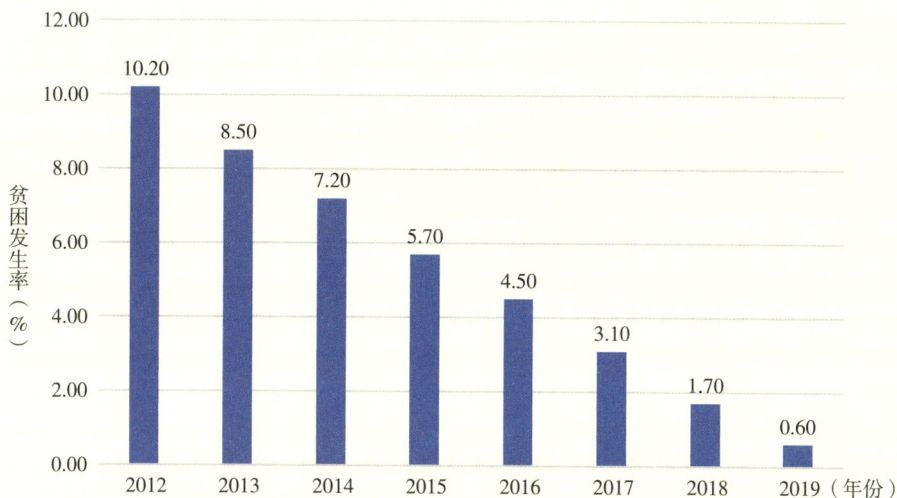

2012—2019 年贫困发生率下降情况（百分率 / 年）

数据来源：国家乡村振兴局。

随着农村贫困人口的大幅度减少，贫困县和贫困村纷纷通过严格的考核实现退出。截至 2020 年底，现行标准下 9899 万农村贫困人口全部脱贫，832 个贫困县全部摘帽，12.8 万个贫困村全部出列。贫困县、贫困村和贫困户的退出，标志着中国精准脱贫取得了决定性胜利。

2012—2020 年剩余贫困县数量

数据来源：国家乡村振兴局。

## 文件解读

### 《中共中央办公厅　国务院办公厅关于
### 建立贫困退出机制的意见》

在 2015 年发布《中共中央、国务院关于打赢脱贫攻坚战的决定》后，中共中央、国务院立即将其内容分解为 101 项工作，其中为了解决贫困退出问题就在半年后出台《中共中央办公厅　国务院办公厅关于建立贫困退出机制的意见》，规范了贫困人口、贫困村和贫困县的退出程序，确定了贫困退出的主要衡量标准，即贫困户退出需实现"两不愁三保障"，贫困村

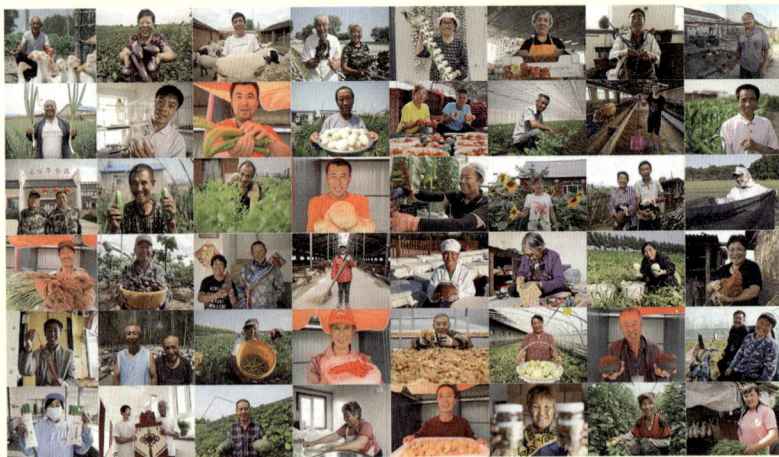

2020 年 11 月 23 日，贵州省宣布剩余 9 个未摘帽贫困县全部出列。一年来，脱贫攻坚聚焦"三区三州"等深度贫困地区，瞄准突出问题和短板弱项狠抓政策落实，实施挂牌督战。经过 8 年持续奋斗，我国绝对贫困人口全部脱贫，贫困县全部摘帽，脱贫攻坚取得重大胜利，为实现第一个百年奋斗目标、开启全面建设社会主义现代化国家新征程打下坚实基础。图为黑龙江省 20 多个市县的建档立卡户，通过扶贫产业受益，露出灿烂的笑容。（新华社记者王建威、张涛、谢剑飞、孙晓宇、唐铁富、徐凯鑫、杨思琪摄）

和贫困县退出实现贫困发生率降至 2% 以下（西部地区降至 3% 以下），并提出在贫困退出一定时期内，国家原有扶贫政策保持不变、支持力度不减的正向激励原则。

## 二、收入稳定提高

过去边远贫困地区的农村生产条件落后，生产活动单一，农民收入很难提高。通过大规模扶贫，农民增加了创收的渠道，收入明显增加，贫困地区农户收入的增长速度高于全国平均水平。据国家统计局数据，2019 年全国人均可支配收入实际增长 5.8%，农村居民可支配收入实际

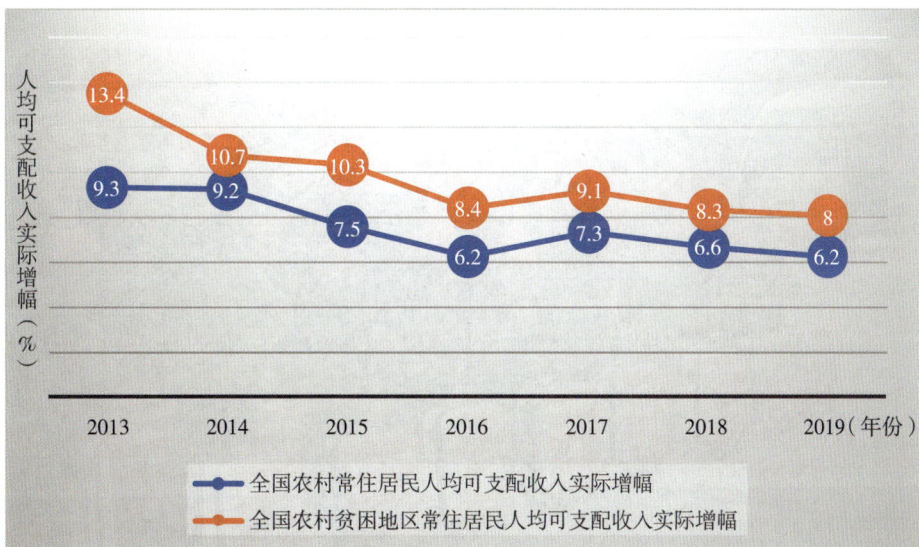

2013—2019 年全国农村常住居民和贫困地区农村常住居民人均可支配收入实际增幅对比图

数据来源：国家乡村振兴局。

增长 6.2%，而贫困地区农民可支配收入实际增长 8.0%，增长速度明显高于全国平均水平。

贫困地区农民收入提高首先来自贫困地区产业发展和劳务输出的增加。长期以来，大量劳动力积压在农业领域，使农民增收困难，特别是贫困地区，由于地理位置偏僻和劳动力受教育水平低，外出就业困难。在精准扶贫过程中，通过培训提升劳动力的技术水平，并依靠驻村帮扶、对口帮扶等措施，东部沿海地区优先保障贫困户劳动力就业，从而提高了贫困地区劳动力的就业收入。

与此同时，贫困户获得了更多的转移性收入，也就是贫困户在养老、看病和上学方面，得到了更多的补助。为了支持贫困户发展，国家制定了针对贫困户的扶持政策，提高了农村低保标准，为贫困户加入合作医疗和大病统筹提供财政支持，在生态脆弱地区为贫困户提供护林员岗位，通过财政资金的直接投入，农户获得了更多的直接支持。

陕西省宝鸡市组织贫困劳动力赴吉利公司务工。

随着贫困地区产业发展，贫困人群的经营性收入也得到快速增长。长期以来，贫困户因为缺乏资金和技术，只能种植那些价值很低的作物，即使有一些贫困户种植经济作物，也很难销售出去。通过精准扶贫，贫困户获得了资金和技术支持，开始大力发展特色种植业，而且对口帮扶、商超对接、电商扶贫等多种渠道，解决了贫困地区农产品销售问题，从而使贫困地区农民通过发展产业增加收入的机会大大提高。

湖北省罗田县大力发展甜柿特色扶贫产业。图为珍品甜柿走俏市场（华仁摄）。

在精准扶贫中，许多新的增收方式被创新出来，比如绿色减贫，即通过支持贫困户开展生态保护获得相应收入；资产扶贫，将贫困户的土地、水塘等资源入股企业，获得稳定的资产收入；光伏扶贫，在贫困地区，利用光伏资源，发展光伏产业，贫困户从中获得稳定收益。

河北省张家口市康保县满德堂乡高家沟村生态护林员在管护林苗地。

**典型案例**

### 明花村的绿色减贫

　　明花村位于高峰乡西北部，属于典型的山区与库区结合村。2014 年建档立卡贫困户 182 户 550 人，占总人口的 16.8%。以前守着青山绿水没有饭吃的现象在大山里极为普遍。良好的生态环境如何转化为经济优势？明花村坚持绿色减贫，村民正在享受"金山银山"带来的红利。正在山上采茶的脱贫户贾世会说，以前每年也采摘茶叶，大多自产自用。现在政府引导商贩来这里，加上交通便捷了，鲜叶一下山就能够卖出去，不愁没有销路。当天老刘摘了近 4 斤鲜叶，布袋子撑得鼓起来。他下山就出售了，拿到了 80 元。老刘为犒劳自己，顺道在街上砍了一斤肉，回家准备煮一锅豆腐烧肉。他说："有了政府帮扶，自己还要加把劲！只要肯干，好日子还在后面。"

资料来源：《安徽："只要肯干，好日子还在后面"》，2019 年 5 月 14 日，国家乡村振兴局官方网站转载《安徽日报》报道，见 http://www.cpad.gov.cn/art/2019/5/14/art_5_97934.html。

## 三、公共服务得到明显改善

长期以来，公共服务是农村的短板，更是贫困地区的短板，特别是医疗、教育和养老。由于贫困地区缺乏必要的医疗条件，而且贫困户无法负担昂贵的医疗费用，过去许多农民，特别是贫困户无钱看病，经常

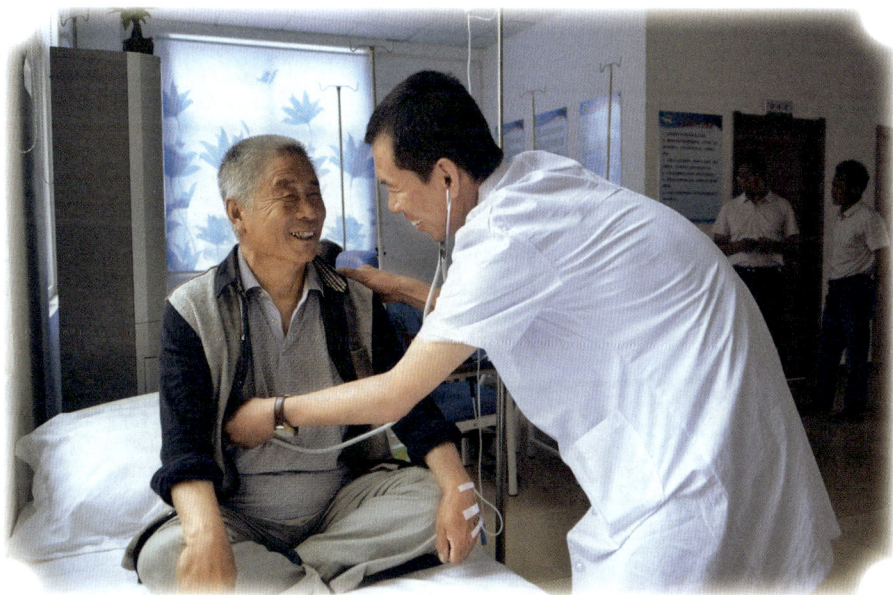

山东省青岛市即墨区中医医院开展医疗帮扶，医生为贫困户免费进行身体检查，了解老人身体健康状态。

导致小病拖大、大病致贫的现象。因病致贫是贫困发生的最重要原因，2015 年国务院扶贫开发领导小组办公室的摸底调查发现，在全国 7000 万贫困人口中，因病致贫的占比 42%。因此解决贫困户的医疗问题，防止贫困户因病致贫，是实现扶贫脱贫的重要手段。健康扶贫首先要提高儿童和青少年的健康水平，为此在贫困地区加强了妇幼保健工作，加强贫困家庭婴幼儿的健康筛查，提供营养包，保障新生儿的健康；增加政府投入，大力改善农村医疗条件，保障贫困地区农民方便就医。同时，通过政府补贴，保障所有贫困户都参加农村合作医疗，提高贫困户的报销比例，并通过大病保险、医疗救助等手段降低了贫困户的医疗支出，提高了贫困户的健康水平。

农村教育是贫困地区公共服务的第二个突出短板。教育水平相对低的同时，过高的教育费用增加了贫困户负担，导致贫困家庭子女辍

独龙江九年一贯制学校是独龙族孩子们走向未来的摇篮，从教室走风漏雨、用树干当桌子，到宽敞明亮、干净整洁，学校面貌焕然一新。图为孩子们正在校园内进行户外活动。（王靖生摄）

学，这不仅导致农户贫困，而且也造成了贫困的代际传递。2015 年国务院扶贫开发领导小组办公室的摸底调查表明，10% 的贫困是因为教育负担重造成的。在中国的扶贫中，教育受到了高度关注，社会各界采取了多种措施，为贫困家庭学生捐款、援建农村学校、为农村教师提供培训、派遣教师支教等，这些措施都对改善农村教育作出了贡献。党的十八大以来，教育扶贫被纳入精准扶贫战略，首先，通过控辍保学，保障所有适龄学生在义务教育阶段受到良好教育，对所有贫困家庭实施帮扶，保障贫困家庭子女不会因为贫困而失学。其次，发展贫困地区的职业教育，增加贫困地区农村人口的就业水平。最后，提高贫困地区的教育质量，对贫困地区教师提供培训，鼓励优秀教师到贫困地区工作。改善贫困地区的教育有助于农村青年外出务工，脱离农村贫困。

除教育和医疗问题，社会保障也是贫困地区发展的难题，中国很长一段时期内在农村地区未建立聚焦的社会保障制度，因此那些失去劳动能力的人群，包括老年人、残疾人、慢性病患者的贫困问题无法得到解决。对于这个群体来说，要提高其收入是很困难的，只有通过不断提高社会保障水平，才能保障他们脱贫，因此兜底脱贫是精准扶贫中重要的措施之一。针对过去低保户数量大、保障水平低和目标群体偏差等问题，自实施精准扶贫政策以来，各省积极推进农村低保线和贫困线的"两线合一"，提高保障水平，严格核实保障对象，发挥了精准扶贫中政策兜底的作用。在健全社会保障制度的同时，在许多贫困村也开始发展集体经济，增加农村集体收入。开展弘扬中华民族传统文化、尊老敬老的活动，推动贫困村建立良好的文化氛围，这些都对改善老年人、残疾人等弱势群体的生活条件发挥了积极作用。

重度残疾人托养中心建设实现了"托养一人、脱贫一户"的良好社会效果。

## 📖 关键概念

### "两线合一"

"两线合一"就是实行低保标准与扶贫标准统一设定。从 2016 年 1 月起将农村低保标准提高到扶贫标准，达到每人每年 2808 元，实现了"两线合一"，并根据物价上涨水平每年进行调整。2016 年至 2020 年，农村低保标准与扶贫标准同步提高。主要通过三条途径，保障贫困家庭基本生活水平与全面建成小康社会相适应。一是对有一定收入的低保家庭，据实核算家庭成员年人均收入，按照人数足额补差。二是对无劳动能力、无任何收入的低保对象，按照当地低保标准全额补助。三是对充分享受低保政策，足额领取低保补助金后，家庭生活仍有较大困难的，通过临时救助帮助解决生活困难。

资料来源：广宗发布：《什么是"两线合一"》，2018 年 6 月 21 日，见 https://www.sohu.com/a/237042323_775012。

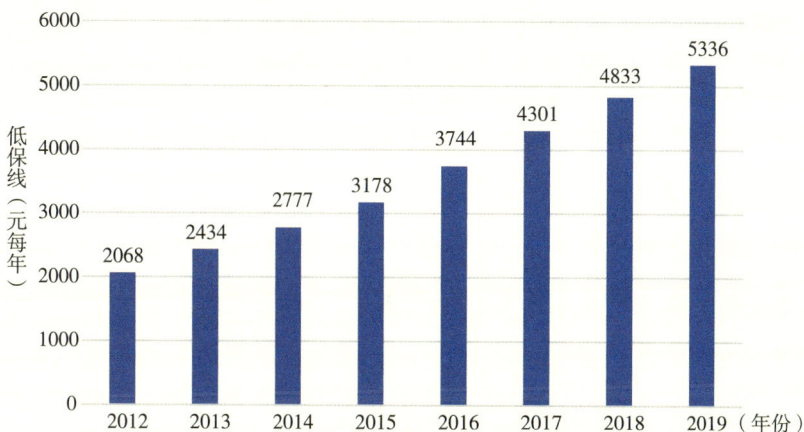

2012—2019 年间农村低保线变化

数据来源：国家乡村振兴局。

# 四、基础设施逐渐完善

在贫困地区的发展中，基础设施的落后，特别是交通、通信和安全用水的落后，严重制约了这些地区的发展。交通落后导致贫困地区的农副产品无法外运，资源优势无法转化为经济优势；通信落后造成贫困地区闭塞，信息交流不畅；缺少卫生的饮用水，不仅造成贫困地区经济困难，而且也导致地方病高发。

要想富先修路，任何地方经济开发，交通要先行。多年以来，国家重视贫困地区的交通发展，交通运输部自 2003 年提出"让农民兄弟走上油路和水泥路"，到 2019 年底，累计投入中央资金超过 6120 亿元，累计建设和改造通乡镇、通建制村公路超过 230 万公里，全国农村公路总里程已超过 404 万公里，具备条件的乡镇和建制村全部通硬化路。预计到 2020 年以后，在建制村通硬化路的基础上，将进一步建设通组的硬化道路。仅仅有路还不够，公共交通对于贫困户有更重要的意义，开通到乡到村的客车成为交通扶贫的重要手段，具备条件的乡镇和建制村全部通客车、通邮路。在贫困地区，不仅农村公共交通发展迅速，高速公路网也覆盖了越来越多的贫困地区，一些西部省份已经开始率先实现了包括贫困县在内的所有县通高速公路。交通的便捷促进了贫困地区产业发展，特别是贫困乡村，将丰富的农副产品销售到全国各地，也吸引越来越多的城市人口到乡村旅游。

怒江美丽公路（国道 G219 丙中洛至六库段）全线通车运行，为怒江打赢脱贫攻坚战奠定了坚实的基础。

贫困地区，特别是北方和西北地区，饮水问题深深困扰着贫困户。一些地方山大沟深，远离水源，取水十分困难；每遇到干旱季节，人畜饮水十分困难。从 20 世纪 90 年代开始，西北干旱地区开始修建水窖集雨，但是由于降水不稳定，且窖水的卫生条件堪忧，饮水问题仍然没有得到彻底解决。党的十八大以来，完善贫困地区的饮水设施成为精准扶贫的重要内容，并被纳入脱贫的考核指标。通过饮水工程的实施，大多数贫困地区实现了自来水入户，即使没有入户，也要实现在 10—20 分钟的距离内，有安全的水源。通过饮水工程实施，贫困地区农民彻底告别了无水和水质不安全的问题，保障了贫困群体的健康。

宁夏西吉县震湖乡，自来水通到了家门口（图右），告别了拉水吃的历史（图左）。（肖自林摄）

通过大规模扶贫，贫困地区的通信设施得到明显改善，过去许多贫困地区完全没有网络连接，上网打电话都很困难，甚至报纸也要过很久才能到达贫困乡村。贫困乡村缺乏信息，与外界沟通很困难。打破信息的封闭需要高效的通信。通过大规模扶贫，贫困地区的通信设施快速发展，特别是手机信号和网络，开始覆盖大多数贫困乡村。到 2020 年，超过 98% 的贫困村有了宽带，甚至在深度贫困地区，宽带的覆盖率也超过 90%。信息化克服了地理距离带来的困难，使边远的贫困村与全国经济紧密结合起来，在信息化基础上，电商扶贫才能快速发展。

　　中国的扶贫不仅是单纯地提高贫困户的经济收入，而且是从产业发展、劳动力素质提高，到公共服务和基础设施完善等多个方面，全方位地缩小了贫困地区和非贫困地区、贫困人群和非贫困人群的差距。习近平总书记强调要让人民群众有获得感。通过扶贫，贫困群众生活、生产发展所遇到的问题被扎扎实实解决，贫困户感受到党和政府的关怀，真实地享受到了中国改革和发展的成果。

# 第十章

# 国际合作　分享经验

　　贫困是当今世界面临的全球性挑战，既需要每个欠发达国家自身的减贫努力，也需要国际社会的协同合作。在中国反贫困的斗争中，国际社会给予了我们很大支持，从而使中国在世界反贫困中取得了突出成绩，也积累了丰富的扶贫经验。作为一个负责任的大国，中国不仅积极学习和转化国际经验，致力于消除自身贫困，而且也积极开展国际减贫合作，在国际减贫事业中分享中国经验、提供中国方案和贡献中国力量，支持和帮助广大发展中国家特别是欠发达国家消除贫困。

## 一、中国对世界反贫困的贡献

　　贫困现象和人类社会相伴而生，世界各国通过不同的方式致力于反贫困斗争。中国减贫作为世界反贫困斗争的重要组成部分，取得了举世瞩目的巨大成就，为世界减贫作出了重大贡献。

　　在 2000 年召开的联合国千年首脑会议上，世界各国领导人提出了

"联合国千年发展目标"，其中最重要的目标之一是以 1990 年的水平为标准，将全球贫困水平在 2015 年之前降低一半。2015 年联合国千年发展目标中的减贫目标基本完成，全球减贫事业取得重大进展。根据联合国《千年发展目标 2015 年报告》，全球生活在极端贫困中的人数从 1990 年的 19 亿下降至 2015 年的 8.36 亿，其中大多数进展是在 2000 年后取得的，而这一目标的实现很大程度上有赖于中国减贫成绩的取得。

## 关键概念

### 千年发展目标

2000 年 9 月，在联合国千年首脑会议上，世界各国领导人就消除贫穷、饥饿、疾病、文盲、环境恶化和对妇女的歧视，商定了一套有时限的目标和指标。即消除极端贫穷和饥饿；实现普及初等教育；促进男女平等并赋予妇女权利；降低儿童死亡率；改善产妇保健；与艾滋病毒、疟疾和其他疾病作斗争；确保环境的可持续能力；制定促进发展的全球伙伴关系。这些目标被置于全球议程的核心，统称为"千年发展目标"。所有目标完成时间为 2015 年。2015 年，联合国千年发展目标已经圆满完成。

世界银行将全世界划分为 7 个区域：东亚和太平洋地区、欧洲和中亚地区、拉丁美洲和加勒比地区、中东和北非地区、南亚地区、撒哈拉以南非洲地区，以及其他区域。1990—2015 年，得益于各国经济社会的快速发展与减贫政策的有效实施，东亚和太平洋地区、南亚地区的减贫效果显著，贫困人口数量分别从 1990 年的 9.87 亿、5.36 亿减少到

2015 年的 0.47 亿、2.16 亿，贫困率分别从 1990 年的 61.6%、47.3%下降到 2015 年的 2.3%、12.4%，而撒哈拉以南非洲地区减贫形势严峻。2000 年以来，全球减贫进展主要是在东亚和太平洋地区、南亚地区取得的，其中主要是中国贫困人口的减少。中国作为东亚地区最大的发展中国家，贫困率由 1990 年的 66.58%下降到了 2015 年的 0.73%，有 7.46 亿人（按每人每日生活费 1.9 美元的国际标准）摆脱了贫困，占世界减贫规模的 70.11%、东亚地区减贫规模的 79.36%。按照中国现行农村贫困标准计算，中国农村贫困人口从 1978 年的 7.7 亿人，下降到 2018 年的 1660 万人，农村贫困发生率从 97.5%下降到 1.7%，下降了 95.8 个百分点。

**超过70%**

- 过去40年，我国贫困人口累计减少7亿多人，对全球减贫贡献率超过70%。

**两个率先**

- 率先实现了联合国千年发展目标；打赢脱贫攻坚战后率先实现联合国2030年可持续发展议程的减贫目标。

中国的减贫成就为全球减贫事业作出了重要贡献。

根据联合国开发计划署发布的《2019 年人类发展指数报告》，亚太地区人类发展进步速度居世界首位。南亚地区增长最快，东亚地区其次。值得注意的是，1990 年至 2018 年，中国的人类发展指数（HDI）从 0.501 跃升到 0.758，增长了近 51.1%。中国由此进入到"高人类发展水平"国家之列。自 1990 年引入人类发展指数以来，中国是世界上唯一一个从"低人类发展水平"跃升到"高人类发展水平"的国家。"中国式减贫"使中国成为世界上减贫人口最多的国家，也成为世界上率先完成联合国千年发展目标的国家，为全球减贫事业作出了重大贡献。

### 🔖 关键概念

#### 人类发展指数

人类发展指数（Human Development Index），是由联合国开发计划署在《1990年人文发展报告》中提出的，用以衡量联合国各成员国经济社会发展水平的指标，是对传统的 GNP 指标挑战的结果。

## 二、中国减贫国际合作的历史脉络

减贫领域的国际合作是中国减贫行动的重要内容。从减贫国际合作的历史脉络看，中国在减贫方面的国际合作经历了三个时期：从1978年到2004年，中国减贫国际合作主要是学习和借鉴国际经验，将国际上好的做法吸收到中国的减贫实践中；从2004年到2015年，以上海全球扶贫大会为标志，中国的减贫成就开始受到国际关注，中国开始和国际社会交流和分享中国的减贫经验；2015年以来，以习近平主席在联合国系列峰会上代表中国政府提出了帮助发展中国家发展经济、改善民生的一系列新举措为标志，中国开始贡献减贫方案，在发展中国家实践中国的减贫经验。

第一个时期，从1978年到2004年中国减贫国际合作以学习和转化为主。1979年，联合国开发计划署批准了第一个援华方案，中国减贫实践有了学习国际经验的平台。这一时期，有 50 多个各级各类组织从不同角度参与了中国的减贫活动。国际对华援助，特别是无偿援助和扶贫贷款在当时有效弥补了资金不足，加快了扶贫工作的进程。例如，世界银行自 1996 年起在中国实施扶贫贷款项目，已完成的五期扶贫项目的投入总规模达到 7.7 亿美元贷款，几乎覆盖了中国西部的每一个省份，为中国提供了很大的资金支持。从 1995 年到 2000 年，国际组织在中国扶贫领域投入了约 55 亿元人民币，其中扶贫软贷款 44 亿元，扶贫捐赠 11 亿元，对中国脱贫的贡献率为 4%。

2004 年 9 月，世界银行副行长梅兹·卡尔松在广西凤山县考察世行一期扶贫项目实施情况。

在引进资金的同时，中国也开始将国际减贫的相关理念与方法应用到中国的反贫困实践中，比如在制定贫困线时借鉴采纳了世界银行的建议，这不仅使中国的贫困线更加科学，也使中国的扶贫与全球的扶贫具有可比性。此外在扶贫中引入参与式、小额信贷等，都体现了国际社会对中国扶贫的启发。参与式扶贫不仅是扶贫技术层面的改变，也是对传统自上而下的救济式扶贫和开发式扶贫思路的变革，它通过采用自下而上的决策方式，赋予贫困人口知情权、决策权和监督权，激发群众的积极性、主动性和参与性。

第二个时期，从 2004 年到 2015 年中国减贫国际合作以交流和分享为主。在向国际社会借鉴和学习减贫经验的同时，中国自身的减贫理论和模式也不断形成，除贡献了大量的减贫人口外，也贡献了政府主导大规模减贫的经验。2004 年，世界银行主办、中国政府承办的上海全球

甘肃省定西市是著名的"马铃薯之乡"，在马铃薯脱毒种薯生产技术和研究开发的 10 余年中，先后从美国、加拿大、荷兰等国家引进 10 余个专用型品种，投入资金 97 万美元。目前，该产业已发展成为带动当地经济发展、促进农民增收和脱贫致富的主导产业。图为 2004 年 5 月 24 日，准备参加上海全球扶贫大会的外国代表在甘肃省参观马铃薯脱毒种薯的育苗情况。（新华社发）

扶贫大会成功召开，大会期间，中国向世界分享的减贫经验受到广泛关注和重视。这一时期，中国减贫国际合作的主要方式是共建减贫交流合作平台、举办减贫援外培训班、对发展中国家开展减贫项目援助。其中从 2005 年中国国际扶贫中心举办首期减贫援外培训班到 2010 年底，中国国际扶贫中心已经为 91 个国家的 720 名学员举办了 28 期减贫培训班。通过理论讲解、经验介绍、案例分析、实地考察、参与式讨论等方式增加了学员对中国减贫经验的理解，提高其理论水平和政策设计能力。

第三个时期，从 2015 年以来中国减贫国际合作以传播和实践为主。自党的十八大以来，特别是实施精准扶贫战略以来，中国的减贫工作取得了巨大成绩。在扶贫政策方面，创新使用政府主导、干部驻村的方式；在贫困治理方面，打破部门界限，建立考核评估体系；产业扶贫、健康扶贫、异地搬迁、社会保障兜底等"中国式扶贫"做法丰富了国际

2018 年 3 月 5 日，由中国国际扶贫中心主办，云南省国际扶贫与发展中心、西双版纳傣族自治州人民政府协办，东盟秘书处、中国—亚行区域知识共享中心、联合国开发计划署支持的第六届"东盟 +3 村官交流项目"在云南省西双版纳傣族自治州召开。

减贫实践，为国际减贫实践贡献了中国方案。

中国作为全球最早实现千年减贫发展目标的发展中国家，也成为制定和推动联合国 2030 年可持续发展目标、坚持减贫和共享发展、构建人类命运共同体的主要推动者和倡导者。2015 年，在联合国的系列峰会上，习近平主席代表中国政府提出了帮助发展中国家发展经济、改善民生的一系列新举措，包括中国将设立"南南合作援助基金"、继续增加对最不发达国家投资、免除对有关部分国家政府间无息贷款债务、提供"6 个 100"的项目支持，等等。从减贫实践来看，中国把促进其他发展中国家农业和农村发展、减贫作为对外援助的优先领域。近年来，中国通过在亚洲、非洲、拉丁美洲、太平洋等地区的 100 多个国家援建农场、农业技术示范中心、农业技术试验站和推广站，派遣农业技术人员和高级农业专家传授农业生产技术和提供农业发展咨询等方式，与各国分享农业技术、经验和农业发展模式，实践中国农业技术在发展中国家的适应性。

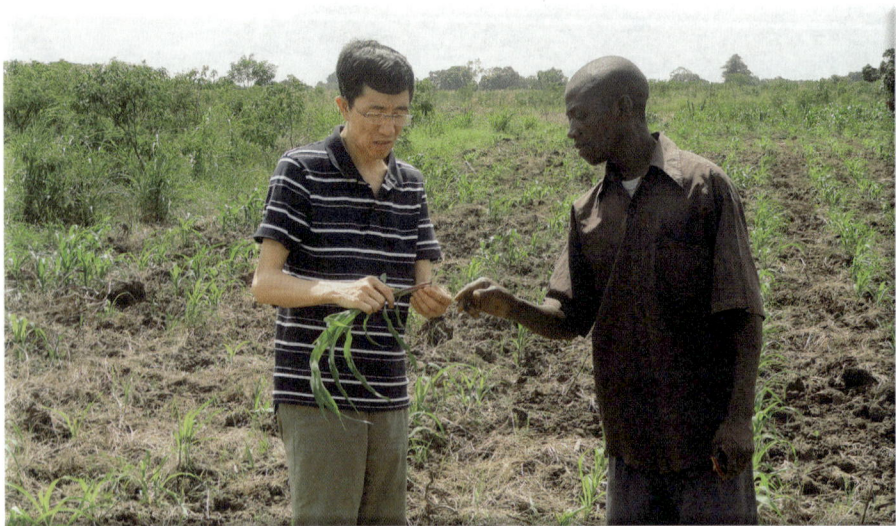

李小云在田间指导非洲农民。

> ### 关键概念
>
> **"6个100"**
>
> 　　2015年9月26日，习近平主席在纽约联合国总部主持南南合作圆桌会时宣布，未来5年中国将向发展中国家提供"6个100"的项目支持，包括100个减贫项目、100个农业合作项目、100个促贸援助项目、100个生态保护和应对气候变化项目、100所医院和诊所、100所学校和职业培训中心。

## 三、中国开展减贫国际合作的举措

　　第一，政策对话。中国通过与政府机构和国际组织等建立减贫方面的政策对话机制，在多个领域内开展了国际合作。中国政府与联合国驻华系统及其他国际机构专门设立了"减贫和发展高层论坛"，推动国际减贫和发展领域的政府官员、专家学者和减贫实践者交流对话。中国国际扶贫中心定期与非洲国家举办中非减贫与发展会议，促进中非双方分享经验，开展交流。以中非合作论坛为契机，中国与非洲各国开展了多种类型的减贫国际合作。

　　第二，技术合作。技术合作是中国减贫国际合作的重要方式。中国通过向其他发展中国家派遣各类专家，在农业、手工艺、广播电视、清洁能源等领域广泛开展技术合作，转让适用技术，提高受援国的技术管理水平。中国专家在利比里亚开展竹藤编技术合作，不仅促进了当地竹藤产业发展，也增加了民众收入，扩大了当地就业。中国通过开展农业

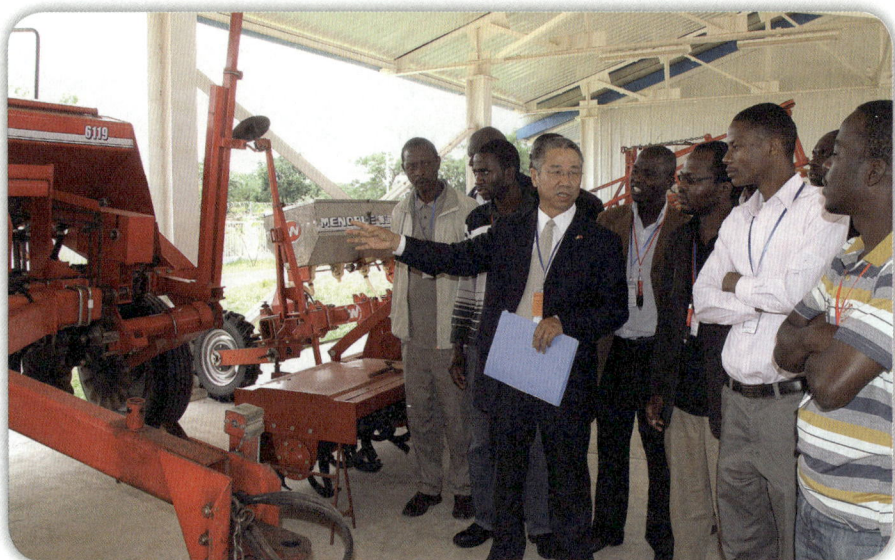

　　2012 年 10 月 15 日，在津巴布韦首都哈拉雷郊外的圭比农业大学中国援建农业技术示范中心，中国农业专家给当地技术员讲解各类农具的用途。（新华社记者　李平摄）

中国在非洲援助种植的示范玉米地。

技术合作，积极帮助其他发展中国家提高农业生产能力，有效应对了粮食危机。中国在莫桑比克、苏丹、卢旺达、老挝等国家援建的农业技术示范中心成为国际农业技术合作平台。

第三，项目合作。中国在减贫国际合作中，非常注重与其他发展中国家开展减贫项目合作。在"6个100"的项目框架下，嵌入的中国减贫经验，形成了中国减贫国际合作的实践指南。习近平主席推动的中国援助斐济技术示范项目，通过技术培训与示范推广，将传统的菌草养菇和菌草养畜结合，带动了斐济乃至南太平洋地区的农民增收和环境保护，成为应对气候变化和可持续发展的可行途径。现在，菌草种植技术已经推广到全世界100多个国家，并被列为中国—联合国和平与发展基金项目，成为落实2030年可持续发展议程、提供中国方案的重要农业技术。截至2019年7月，中国已与100多个亚洲、非洲和拉丁美洲国

东亚减贫示范合作技术援助项目（老挝部分）版索村大桥竣工，解决了村民的出行难问题。

家合作开展了 100 个减贫项目和 100 个农业合作项目。

为期 3 天的 2019 年斐济全国农业展自 7 月 3 日起在首都苏瓦举行。这次展览旨在宣传斐济的农业服务，展示新产品与新技术，促进农产品生产与私营部门之间的伙伴关系。图为 7 月 4 日，在斐济首都苏瓦，人们参观中国援助斐济菌草技术合作项目展位。（新华社记者　张永兴摄）

## 四、对国际扶贫合作的启示

中国的减贫事业作为国际减贫事业的组成部分，近几十年来取得的辉煌成就已经得到了国际社会的广泛认可。中国作为最大的发展中国家，为世界反贫困斗争作出了巨大贡献。2020 年脱贫攻坚任务完成，提前 10 年实现联合国 2030 年可持续发展议程的减贫目标，这对于中国和世界都意义重大。

首先，各个国家国情不同，需要有不同的减贫方案。未来我们依然要加强对发展中国家贫困问题、致贫原因、减贫政策的研究，从而能够为不同国家提供有针对性的减贫方案。中国需要在分享本国经验的同时，注重形成系统的中国减贫和发展理论，提升中国在减贫国际合作领域的影响力。

其次，升级减贫合作方式，注重国家减贫治理能力提升。未来的减贫国际合作中，中国应注重考虑如何对接这些国家的减贫战略，将减贫合作的重点从直接服务于贫困人口转向促进国家减贫治理能力提升上。

再次，将一线减贫实践作为国际交流和政策对话的重心和议题。中国在与政府部门、国际机构、科研机构和智库合作的同时，要更加侧重来自贫困群体和扶贫一线的实践者，对扶贫微观实践更加关注，并且需要重视后续行动的落实。

最后，拓宽和国际机构减贫合作的领域。中国应该充分利用国际机构在研究发展中国家贫困问题、减贫政策和实践等方面的优势，加强与国际机构在这些方面的合作，拓宽和国际机构进行减贫合作的领域。

# 第十一章

# 展望：走向共同富裕

党的十八大以来，习近平总书记把脱贫攻坚作为全面建成小康社会的底线任务和标志性指标。习近平总书记关于扶贫工作的重要论述，是打赢脱贫攻坚战的科学指南，在习近平扶贫重要论述指引下，关于2020年后中国减贫战略的设想指明中国特色减贫道路的发展方向。

## 一、未来的减贫策略

习近平总书记指出，"对退出的贫困县、贫困村、贫困人口，要保持现有帮扶政策总体稳定，扶上马送一程。可以考虑设个过渡期，过渡期内，要严格落实摘帽不摘责任、摘帽不摘政策、摘帽不摘帮扶、摘帽不摘监管的要求，主要政策措施不能急刹车，驻村工作队不能撤。要加快建立防止返贫监测和帮扶机制，对脱贫不稳定户、边缘易致贫户以及因疫情或其他原因收入骤减或支出骤增户加强监测，提前采取针对性的帮扶措施，不能等他们返贫了再补救"。他明确要求，"接续推进全面脱贫与乡村振兴有效衔接。脱贫摘帽不是终点，而是新生活、新奋斗的起点。要针对主要矛盾的变化，理清工作思路，推动减贫战略和工作体系平稳转型，统筹纳入乡村振兴战略，建立长短结合、标本兼治的体制机制"。习近平总书记的重要论述，指明了中国减贫工作转型的方向、步骤和重点，实际上指出了中国特色减贫道路的发展方向。

## （一）设立脱贫攻坚过渡期

脱贫攻坚过渡期的目的就是巩固脱贫成果，确保不出现大规模返贫，为探索从集中攻坚的扶贫状态向常态化治理转变的体制机制及路径模式留出时间。

在过渡期内，保持现有帮扶政策以巩固贫困县、贫困村、贫困人口脱贫成果，建立防止返贫的帮扶机制。

第一，保持现有帮扶政策总体稳定。特别是资金支持、"五个一批"的相关支持政策、驻村帮扶、社会扶贫等政策继续稳定，总体上是做到严格落实摘帽不摘责任、摘帽不摘政策、摘帽不摘帮扶、摘帽不摘监管的要求。

第二，建立防止返贫监测和帮扶机制。对脱贫不稳定户、边缘易致贫户以及因疫情或其他原因收入骤减或支出骤增户加强监测，提前采取针对性的帮扶措施，降低这些人群的脆弱性，避免返贫。

党中央决定，适时组织开展巩固脱贫成果后评估工作，压紧压实各级党委和政府巩固脱贫攻坚成果责任，坚决守住不发生规模性返贫的底线。

## （二）推动减贫战略和工作体系平稳转型

习近平总书记关于推进减贫战略和工作体系转型的重要论述，明确了 2020 年后中国减贫实现战略转型的方向和重点。

第一，要凝聚共识。脱贫摘帽不是终点，脱贫攻坚解决的只是绝对贫困问题，是全面小康的底线。实现更高水平的小康，仍然需要继续努力奋斗。

第二，减贫工作统筹纳入乡村振兴战略。乡村振兴是未来中国农村发展的总战略，贫困地区和贫困村在实现了脱贫基础上，要进一步按照乡村振兴战略，实现农业的现代化。

### 💡 关键概念

**乡村振兴战略**

党的十九大报告中指出，农业农村农民问题是关系国计民生的根本性问题，必须始终把解决好"三农"问题作为全党工作的重中之重，实施乡村振兴战略。

2018 年中共中央、国务院印发《中共中央、国务院关于实施乡村振兴战略的意见》（以下简称《意见》），提出乡村振兴战略的目标任务，即到 2020 年，乡村振兴取得重要进展，制度框架和政策体系基本形成；到 2035 年，乡村振兴取得决定性进展，农业农村现代化基本实现；到 2050 年，乡村全面振兴，农业强、农村美、农民富全面实现。同时，《意见》指出乡村振兴战略的实施内容，包括提升农业发展质量，培育乡村发展新动能；推进乡村绿色发展，打造人与自然和谐共生发展新格局；繁荣兴盛农村文化，焕发乡风文明新气象；加强农村基层基础工作，构建乡村治理新体系；提高农村民生保障水平，塑造美丽乡村新风貌；打好精准脱贫攻坚战，增强贫困群众获得感；推进体制机制创新，强化乡村振兴制度性供给；汇聚全社会力量，强化乡村振兴人才支撑；开拓投融资渠道，强化乡村振兴投入保障；等等。

第三，建立长短结合、标本兼治的体制机制。建立解决相对贫困的长效机制。立足当前，面向长远，与缓解相对贫困的长期性相适应，久久为功。与缓解相对贫困的艰巨性复杂性相适应，标本兼治。注重完善体制机制，推动法制化减贫，不断推进国家减贫治理体系和治理能力现代化。

习近平总书记关于促进逐步实现共同富裕的重要论述，阐述了2020年后中国减贫工作的功能、目标和实现方法。2020年后中国减贫工作的内容就是缓解相对贫困。根本目标就是激发、培育、提升欠发达地区和农村低收入人口发展的内生动力。

## 二、相对贫困治理与共同富裕

中国脱贫攻坚战取得全面胜利，历史性地解决了千百年来困扰中华民族的绝对贫困问题。但是，中国作为全球最大的发展中国家的性质没有变，中国处于社会主义初级发展阶段的国情没有变，中国脱贫攻坚解决的仅仅是绝对贫困问题。同时，贫困的特征和表现形式、人民对美好生活的向往内涵会变，缩小发展差距、促进共同富裕的总目标对减缓贫困的要求也会发生相应的变化，由此决定了 2020 年后中国在开启第二个百年奋斗目标的历史进程中，以解决相对贫困问题为主要目标的未来中国特色减贫道路，将具有鲜明的时代特征。

专 栏

### 十九大提出的"两步走"战略

综合分析国际国内形势和我国发展条件，从二〇二〇年到 21 世纪中叶可以分两个阶段来安排。

第一个阶段，从二〇二〇年到二〇三五年，在全面建成小康社会的基础上，再奋斗十五年，基本实现社会主义现代化。

第二个阶段，从二〇三五年到 21 世纪中叶，在基本实现现代化的基础上，再奋斗十五年，把我国建成富强民主文明和谐美丽的社会主义现代化强国。

### （一）体现解决相对贫困长效机制的多重属性

第一，政治性。这是由中国共产党的性质决定的。相对贫困治理，最能体现中国共产党的初心和使命，最能体现以人民为中心的发展思想，最能体现中国共产党的宗旨和社会主义的本质要求。解决相对贫困问题，是实现脱贫攻坚战和战后扶贫工作无缝衔接的需要，是中国共产党向第二个百年奋斗目标进军的需要，是在提前 10 年完成联合国 2030 年发展议程减贫目标的基础上继续引领全球减贫事业的需要。

## 关键概念

### 2030年可持续发展议程

2015年9月，联合国193个会员国在联合国发展峰会上一致通过了《变革我们的世界：2030年可持续发展议程》（以下简称《议程》）。《议程》于2016年1月1日正式启动，呼吁各国现在就采取行动，在今后15年实现17项可持续发展目标。这些目标述及发达国家和发展中国家人民的需求，并强调不会落下任何一个人，具体包括：

目标1：在全世界消除一切形式的贫困；

目标2：消除饥饿，实现粮食安全，改善营养状况和促进可持续农业；

目标3：确保健康的生活方式，促进各年龄段人群的福祉；

目标4：确保包容和公平的优质教育，让全民终身享有学习机会；

目标5：实现性别平等，增强所有妇女和女童的权能；

目标6：为所有人提供水和环境卫生并对其进行可持续管理；

目标7：确保人人获得负担得起的、可靠和可持续的现代能源；

目标8：促进持久、包容和可持续的经济增长，促进充分的生产性就业和人人获得体面工作；

目标9：建造具备抵御灾害能力的基础设施，促进具有包容性的可持续工业化，推动创新；

目标10：减少国家内部和国家之间的不平等；

目标11：建设包容、安全、有抵御灾害能力和可持续的城市和人类住区；

目标 12：采用可持续的消费和生产模式；

目标 13：采取紧急行动应对气候变化及其影响；

目标 14：保护和可持续利用海洋和海洋资源以促进可持续发展；

目标 15：保护、恢复和促进可持续利用陆地生态系统，可持续管理森林，防治荒漠化，制止和扭转土地退化，遏制生物多样性的丧失；

目标 16：创建和平、包容的社会以促进可持续发展，让所有人都能诉诸司法，在各级建立有效、负责和包容的机构；

目标 17：加强执行手段，重振可持续发展全球伙伴关系。

第二，长期性。任何社会总会存在一定比例的相对贫困人口。2020 年后解决相对贫困问题，是解决新时代发展不平衡不充分这一主要矛盾的重要举措，是实施乡村振兴战略的重要基础，是逐步实现共同富裕的重要途径，是实现中华民族伟大复兴中国梦的应有之义，这是一个长期的过程。

第三，现实性。中国是全球最大的发展中国家，人口众多，不管采取什么标准，相对贫困人口规模都不会小，短期内很难像西方国家那样主要通过福利救济兜底解决。中国仍然要坚持开发式扶贫，增强贫困人口的劳动技能，提升整个民族的整体素质，为国家特别是贫困地区增加人力资本供给，走出独具中国特色的减贫道路。

第四，多维性。首先是致贫原因多维。收入不平等，主要是城乡收入差距大，地域间农民收入差距逐渐扩大，农民内部收入不平等加剧。收入水平提高但有可能不足以抵御地域风险，而且资产和社会保障不能满足疾病、自然灾害、教育等风险支出需要，市场转型也可能给贫困户带来新的风险。其次是贫困主体多元化。相对贫困人口主要包括三类人群：丧失劳动力人群、教育水平和健康水平低人群以及应对风险能力差人群。因此，无论如何衡量，依然存在一部分深度贫困地区。

## （二）体现区域精准扶贫与到村到户精准扶贫相结合

第一，实施区域政策精准解决深度贫困地区和贫困人口发展的外部约束。加大基础设施投入、市场信息供给、劳动力技能培训、合作性组

贫困学子黄承志由于家庭困难面临辍学，得知深圳第二技工学校可以免费就学，他前往深圳。通过学习，他在 2018 中国技能大赛暨第 45 届世界技能大赛全国选拔赛中，以木工项目广东省第一名、全国第五名的好成绩入围中国集训队。

织建设、技术推广及其他社会化服务供给，加强区域性投入，补齐短板。通过短期和长期帮扶相结合为贫困人口巩固脱贫创造有利的发展环境。

第二，着力创新开发式扶贫政策提升一般相对贫困人口向上流动的能力。通过教育和健康扶持政策，积累和提升人力资本，利用产业和金融政策提高参与产业的组织化程度，有劳动力且有劳动意愿的贫困户如果能够参加扶贫项目，其收入增长速度将会是非常可观的。

第三，为特殊困难相对贫困人口兜底。针对劳动能力低下或者无劳动能力等特殊贫困人群，建立精准滴灌式保障体系，实施社会救助、生活照料服务、营养健康干预和养育服务等，为特别需要帮助的、具有潜在贫困风险的弱势群体提供服务。创新机制解决独居和空巢老年人贫困问题，用精神扶贫解决光棍、懒汉贫困问题，加强精神疾病治疗和康复管理，解决精神障碍患者贫困问题，提供精准康复服务，解决残疾人贫困问题，注重儿童早期发展，解决儿童贫困问题。

第四，建立城乡一体化相对贫困治理体系，应对城乡流动中的相对贫困问题。有条件的地方，探索打破城乡分治的二元扶贫模式，促进城乡减贫一体化融合，建立城乡一体的扶贫模式，如在城乡居民医保、养老逐步并轨的基础上，推进城乡居民低保、就业、义务教育、住房保障等领域的并轨。

## （三）体现多元政策组合的综合性贫困治理

第一，绿色减贫政策体系。把增加生态产品和生态服务供给作为减贫发展的新路径。欠发达地区可以充分发挥特殊资源优势，提供特殊产品和服务，在保护生态环境的同时，促进区域经济发展和居民收入增加。

第二，志智双扶政策体系。加大教育培训和科技普及力度，提倡理性信仰和家庭伦理等，弘扬社会主义核心价值观，使相对贫困人群更积极、更有效地融入时代发展的潮流，激发内生动力，使之想脱贫致富、会脱贫致富、能脱贫致富。

第三，加强完善立体式贫困救助法律体系。在贫困治理从超常规到常规治理，绝对贫困到相对贫困治理的转变中，要建立法制化的扶贫和救助体系，推动减贫法的制定。

第四，促进城乡基本服务均等化的政策体系。集中救助职能，整合多个部门所管理的贫困救助内容，实施更加综合的行政体系。贫困线与低保线"两线合一"，把农村低保制度纳入反贫困制度，构建城乡一体的贫困救助体系。通过有步骤、分阶段推动城乡基本公共服务内容和标准统一衔接，使基本公共服务的供给水平不断提高，服务可得性、可及性大幅提升，城乡就业、基本养老保险制度、最低生活保障制度、基本医疗卫生制度逐步实现统筹，共同富裕的短板得以补齐，城乡居民的"获得感"不断提升。

### （四）体现更加完善的大扶贫格局

第一，继续充分发挥政府主导作用。通过组织实施专项扶贫和行业扶贫活动，包括完善产业就业、易地扶贫搬迁、生态扶贫、健康教育、兜底保障等精准帮扶机制持续增强农村低收入人口的自我发展能力；实施路、水、电、气、房、网、人居环境、文化、科技、人才等精准帮扶工程继续提高欠发达地区和农村低收入人口的公共服务基础设施水平。

第二，更充分鼓励社会力量参与。贫困救助要由单纯的救济式救助向开发式救助转变，构建政府、市场、社会"三位一体"的大救助发展格局，创新贫困救助机制，让市场在资源配置中起决定性作用，更加广泛、更为有效地动员社会各方的整体参与，整合贫困救助资源，形成贫困救助发展合力。

### （五）体现共建没有贫困共同发展人类命运共同体的价值取向

加强国际减贫合作，助力没有贫困的人类命运共同体构建。多年来，中国不断加强国际领域减贫合作交流，不仅为发展中国家提供减贫方略与经验，还在发展教育、农业现代化和医疗保健等方面向亚洲、非洲、拉丁美洲和大洋洲等数十个发展中国家和地区提供援助。2020年后，中国与国际社会在减贫战略方面的沟通、交流、合作、双赢潜力巨大、前景广阔，建立和加强区域性、国际性减贫合作，携手各国推进全球减贫事业发展，将成为中国面向2030年减贫战略的重要选择，必然成为中国特色减贫发展道路的前进方向。

# 后　记

　　中国取得消除农村绝对贫困的伟大历史成就。回顾中国减贫历史，习近平总书记指出："我们立足我国国情，把握减贫规律，出台一系列超常规政策举措，构建了一整套行之有效的政策体系、工作体系、制度体系，走出了一条中国特色减贫道路，形成了中国特色反贫困理论。"

　　中国减贫成绩的取得来之不易，在脱贫攻坚战取得全面胜利之时总结扶贫减贫经验和成绩的同时，也要向人民群众和国际社会汇报和展示中国扶贫开发事业历经数十年结下的硕果，阐明以解决相对贫困问题、促进全体人民共同富裕为目标的中国特色减贫道路的未来发展方向。受国家乡村振兴局综合司、中国扶贫发展中心的委托，我们编写了这本书，具体分工如下：

　　中国社会科学院社会学研究所王晓毅完成了本书的第一、九和十一章，徐宗阳完成了第六、七、八、十章，阿妮尔完成了第二、三、四、五章的编写工作，张琦教授参与了本书的定稿工作。

　　黄承伟研究员对本项成果做出了精心的指导，对成果提出了明确的要求。向德平教授、左停教授对成果提出了富有建设性的意见。中国互联网新闻中心发展门户网副主任焦梦、《经济日报》高级记者黄俊毅审读了文稿并提出具体修改意见。国家乡村振兴局综合司、中国扶贫发展中心对成果的内容、资料的收集和编辑给予了重要指导和帮助，特别是黄承伟、曾佑志、杨玲、聂琪等同志为本项成果的完成做了大量协调工作。中国扶贫发展中心、《中国扶贫》杂志社和新华社为本书的编写提供了丰富的图片，《中国扶贫》杂志社肖云玲在提供图片的同时，还参与了本书的图片选择和编辑工作，新华社记者张典标协调了新华社的部分照片。在此一并致谢。

黄承伟研究员和王晓毅研究员主持的"中国特色减贫道路"的课题成果为本书的编写提供了丰富的素材，在此向课题组成员黄承伟研究员、陆汉文教授、向德平教授、于树一研究员、张琦教授、左停教授和唐丽霞教授表示感谢。

王晓毅、徐宗阳、阿妮尔

2021 年 2 月 26 日

责任编辑：周文婷　冯艳玲
封面设计：汪　阳
责任校对：余　佳

**图书在版编目（CIP）数据**

图说中国特色减贫道路／国家乡村振兴局综合司，中国扶贫发展中心组织
　编写；王晓毅，徐宗阳，阿妮尔 编 . — 北京：人民出版社，2021.4
ISBN 978－7－01－023236－2

I.①图… II.①国…②中…③王…④徐…⑤阿… III.①扶贫－中国－图解
　IV.① F126－64

中国版本图书馆 CIP 数据核字（2021）第 041942 号

**图说中国特色减贫道路**
TUSHUO ZHONGGUO TESE JIANPIN DAOLU

国家乡村振兴局综合司
中国扶贫发展中心　组织编写

王晓毅　徐宗阳　阿妮尔　编

**人民出版社** 出版发行
（100706　北京市东城区隆福寺街 99 号）

北京汇林印务有限公司印刷　新华书店经销

2021 年 4 月第 1 版　2021 年 4 月北京第 1 次印刷
开本：710 毫米 ×1000 毫米 1/16　印张：10.75
字数：133 千字

ISBN 978－7－01－023236－2　定价：43.00 元

邮购地址 100706　北京市东城区隆福寺街 99 号
人民东方图书销售中心　电话：（010）65250042　65289539

版权所有 · 侵权必究
凡购买本社图书，如有印制质量问题，我社负责调换。
服务电话：（010）65250042